GERAÇÃO DE FAZEDORAS

CAROL CAMPOS DARLA SIERRA

GERAÇÃO DE FAZEDORAS

ATITUDES QUE TRANSFORMAM VOCÊ, SUA CARREIRA E SEU BOLSO

MUDANÇAS NO MINDSET PARA FAZER ACONTECER

Rio de Janeiro, 2022

Fazedoras

Copyright © 2022 da Starlin Alta Editora e Consultoria Eireli.
ISBN: 978-65-5520-653-1

Impresso no Brasil — 1ª Edição, 2022 — Edição revisada conforme o Acordo Ortográfico da Língua Portuguesa de 2009.

Todos os direitos estão reservados e protegidos por Lei. Nenhuma parte deste livro, sem autorização prévia por escrito da editora, poderá ser reproduzida ou transmitida. A violação dos Direitos Autorais é crime estabelecido na Lei nº 9.610/98 e com punição de acordo com o artigo 184 do Código Penal.

A editora não se responsabiliza pelo conteúdo da obra, formulada exclusivamente pelo(s) autor(es).

Marcas Registradas: Todos os termos mencionados e reconhecidos como Marca Registrada e/ou Comercial são de responsabilidade de seus proprietários. A editora informa não estar associada a nenhum produto e/ou fornecedor apresentado no livro.

Erratas e arquivos de apoio: No site da editora relatamos, com a devida correção, qualquer erro encontrado em nossos livros, bem como disponibilizamos arquivos de apoio se aplicáveis à obra em questão.

Acesse o site www.altabooks.com.br e procure pelo título do livro desejado para ter acesso às erratas, aos arquivos de apoio e/ou a outros conteúdos aplicáveis à obra.

Suporte Técnico: A obra é comercializada na forma em que está, sem direito a suporte técnico ou orientação pessoal/exclusiva ao leitor.

A editora não se responsabiliza pela manutenção, atualização e idioma dos sites referidos pelos autores nesta obra.

Dados Internacionais de Catalogação na Publicação (CIP) de acordo com ISBD

C198f   Campos, Carol
         Fazedoras: Atitudes que Transformam Você, sua Carreira e seu Bolso / Carol Campos, Darla Sierra – Rio de Janeiro : Alta Books, 2022.
         288 p. ; 16cm x 23cm.

         Inclui bibliografia.
         ISBN: 978-65-5520-653-1

         1. Administração. 2. Carreira. I. Sierra, Darla. II. Título.

2022-1580   CDD 650.14
                              CDU 658.011.4

Elaborado por Vagner Rodolfo da Silva - CRB-8/9410

Índice para catálogo sistemático:
1. Administração : Carreira 650.14
2. Administração : Carreira 658.011.4

Produção Editorial
Editora Alta Books

Diretor Editorial
Anderson Vieira
anderson.vieira@altabooks.com.br

Editor
José Ruggeri
j.ruggeri@altabooks.com.br

Gerência Comercial
Claudio Lima
claudio@altabooks.com.br

Gerência Marketing
Andrea Guatiello
andrea@altabooks.com.br

Coordenação Comercial
Thiago Biaggi

Coordenação de Eventos
Viviane Paiva
comercial@altabooks.com.br

Coordenação ADM/Finc.
Solange Souza

Direitos Autorais
Raquel Porto
rights@altabooks.com.br

Produtor Editorial
Illysabelle Trajano

Produtores Editoriais
Maria de Lourdes Borges
Paulo Gomes
Thales Silva
Thiê Alves

Equipe Comercial
Adriana Baricelli
Daiana Costa
Fillipe Amorim
Heber Garcia
Kaique Luiz
Maira Conceição

Equipe Editorial
Beatriz de Assis
Betânia Santos
Brenda Rodrigues
Caroline David
Gabriela Paiva
Kelry Oliveira
Henrique Waldez
Marcelli Ferreira
Matheus Mello

Marketing Editorial
Jessica Nogueira
Livia Carvalho
Marcelo Santos
Pedro Guimarães
Thiago Brito

Atuaram na edição desta obra:

Revisão Gramatical
Gabriella Araujo
Hellen Suzuki

Capa e Projeto Gráfico
Larissa Lima

Diagramação
Joyce Matos

Editora afiliada à:

Rua Viúva Cláudio, 291 — Bairro Industrial do Jacaré
CEP: 20.970-031 — Rio de Janeiro (RJ)
Tels.: (21) 3278-8069 / 3278-8419
www.altabooks.com.br — altabooks@altabooks.com.br
Ouvidoria: ouvidoria@altabooks.com.br

DEDICATÓRIA

Dedico este livro a todas as mulheres Fazedoras presentes na minha vida: avós, mães, amigas, irmãs, tias, primas, sobrinhas. Em especial a Tati, que desenvolve todos os dias a minha melhor versão, e à minha avó Lourdes e ao meu avô Orlando, que me deram desde pequena asas para voar tão alto quanto os meus sonhos!

Carol Campos

Ao meu grande amor Eduardo, pelo apoio e carinho de todos os dias. Te amo, Edu. À minha baby Julia, que você se inspire e seja uma grande fazedora, minha linda. À minha avó Helena, por ter formado uma geração de fazedoras. E a todas as mulheres incríveis que impactaram a minha jornada profissional, intelectual e espiritual.

Darla Sierra

"Assim pavimentaremos o caminho para as próximas gerações."

AGRADECIMENTOS

Agradeço primeiramente a Deus pela realização desse sonho. A minha família por minha criação e exemplo. Ao meu avô Orlando, que me trouxe a paixão pela leitura e o conhecimento, sendo o maior incentivador do meu protagonismo e independência.

Muito obrigada Tati, por desde o início ser a nossa maior incentivadora e fã. Sua força e determinação me inspiram diariamente! Muito obrigada a todas as amigas que embarcaram no nosso sonho e foram grandes incentivadoras desse projeto.

Muito obrigada aos Fazedores e às Fazedoras que me seguem, incentivam e pedem tanto por este livro. Aprendo muito com vocês todos os dias.

Muito obrigada, Rosana e editora Alta Books, por acreditarem na importância do nosso projeto e darem voz ao nosso sonho.

Muito obrigada, Darla, por compartilhar comigo a missão e o propósito de transformar a vida de 1 milhão de mulheres e suas comunidades. Não haveria voz melhor que a sua para mostrar às mulheres a importância de estarmos unidas, elevando sempre umas às outras. Obrigada por sua amizade e parceria em minha vida.

Carol Campos

Agradeço aos meus pais, Geovan e Vera. Pai, obrigada por ter colocado no meu coração desde pequena o desejo de compartilhar conhecimento e inspirar pessoas. Mãe, a senhora me ensinou através do exemplo o que é ser Fazedora.

Agradeço também a uma legião de amigos e amigas que demonstraram desde o começo deste projeto que acreditavam em nós e no propósito que o *Fazedoras* tem. Minha irmã Rute, Tati, Mari, Jessica, Ronaldo, Rayane e Carol, vocês são incríveis.

Muito obrigada a todas as seguidoras do Meninas de 30, o apoio de vocês foi fundamental para este momento.

#EUTEAPOIOVCMEAPOIA

Agradeço a você, Carol, por ter pensado em mim para este projeto. Este é só o início de uma jornada de muita criação, produção, inspiração e propósito!

Darla Sierra

E um agradecimento especial às Fazedoras que participaram do grupo de ideias na construção deste livro, dando opiniões, criticando, sugerindo temas. O apoio de vocês foi fundamental para chegarmos até aqui! Muito obrigada: Acácia, Aline, Bia, Bianca, Cássia, Cristiana, Daniela, Deusuita, Dheya, Diana, Jaque, Jessica, Leidy, Liliane, Manayra, Marcela, Mariza, Nezila, Patrícia, Paula, Ravile, Rosângela, Sabrina, Sibele, Simone, Sintia, Tamara e Vanessa.

Beijos, Carol e Darla

APRESENTAÇÃO

@F.A.Z.E.D.O.R.E.S

CAROL CAMPOS
Carol Campos

É Financial Planner especialista em investimentos, com experiência há mais de quinze anos no mercado financeiro. Graduada em Educação Física pela UFRJ, com MBA em Gestão Empresarial pela FGV. Carol é Executive Director na área de Wealth Management do maior banco de investimentos da América Latina, o BTG Pactual.

Apaixonada por livros e leitura, criou o @f.a.z.e.d.o.r.e.s para compartilhar conhecimento que não se aprende na escola sobre negócios e desenvolvimento pessoal. Mentora das Ligas de Mercado Financeiro das Universidades do RJ, acredita na força das conexões e na importância de compartilhar para o constante aprendizado. Casada com Tatiana Moreira, mora no Rio de Janeiro.

DAS AUTORAS

@MENINASDE30

DARLA SIERRA

Empresária, atua no mercado financeiro há mais de 16 anos. Formada em Letras Português pela Universidade de Brasília (2009) e com especialização em liderança, inovação e negócios pela Stanford Graduate Business School (2020 -2021), Darla é sócia e Co-CEO da VLGI, empresa referência em assessoria de investimentos para investidores individuais e corporações.

Fundadora do @meninasde30, dedica os últimos anos a falar com mulheres sobre carreira, liderança e negócios. Palestrante e professora, Darla tem se especializado na correlação dos fundamentos de Finanças Comportamentais (Behavioral Finance) e Análise do Discurso (campo da Sociolinguística) na prática da assessoria de investimentos.

Mãe da Julia e casada com o Eduardo, ela é apaixonada por artesanato, papelaria e livrarias. Darla é solista do Great First Baptist Church Choir em Washington – DC.

SUMÁRIO

INTRODUÇÃO — xiv

PARTE 1
MINDSET — 3

PARTE 2
CARREIRA — 53

PARTE 3
MINDSET FINANCEIRO — 117

PARTE 4
FINANÇAS PESSOAIS — 191

E ESTE É SÓ O COMEÇO... — 267

INTRODUÇÃO

Talvez você tenha crescido como nós, em ambientes que de alguma maneira, mesmo que sutil, incentivaram a competição feminina. Talvez você, como nós, questione as suas habilidades e, às vezes, até o mérito que tem nas suas conquistas.

Acreditamos que já tenhamos avançado em muitas questões, mas o fato é que temos muito ainda para caminhar e evoluir, tanto como mulheres como quanto sociedade. Se continuarmos nesse ritmo, de acordo com o Relatório de Desigualdade de Gênero do Fórum Econômico Mundial (2020), levaremos 257 anos para eliminar a desigualdade de gênero no local de trabalho, por exemplo.

Nós acreditamos que o conhecimento empodera. E que é através da educação, do fortalecimento de mulheres em cargos de liderança e da sororidade que vamos começar a diminuir esse abismo e ganhar força na busca pela equidade de gênero.

Queremos incentivar você a investir em si, no desenvolvimento das suas habilidades pessoais e profissionais. Queremos que você aprenda sobre dinheiro e como ele pode ser uma ferramenta de transformação pessoal e social. Busque conhecimento incessantemente. Entenda a sua potência e não tenha medo nem vergonha de usá-la.

Nós queremos ver mais e mais mulheres ocupando lugares de liderança. Mulheres plurais, diversas e líderes. É através do exemplo e da representatividade que vamos começar a mudar os cenários corporativo e político do nosso país. Meninas precisam ver mais e mais mulheres em papéis de destaque para se inspirarem. Meninos precisam ver mais e mais mulheres nesses mesmos papéis para que os percebam possíveis. E assim pavimentaremos o caminho para as próximas gerações.

E sororidade para que possamos respeitar a individualidade e as escolhas de outras mulheres. Sororidade para entender que a competição entre nós é desnecessária. Sororidade para celebrar o sucesso de outras mulheres. Sororidade para respeitar a executiva sem filhos, a mãe de várias crianças e a que decide fazer tudo isso junto.

Nós acreditamos no poder transformador
que a nossa geração tem.

Vamos juntas, Fazedoras.

MINDSET
mindset

A VIDA É AGORA

Há quanto tempo você vem adiando seus sonhos?

Nesta vida corrida que vivemos, entramos em um piloto automático da agenda ocupada e falta de tempo, deixando para depois tantas coisas que queremos fazer. Mas uma coisa que 2020–2021 me ensinaram é que temos que parar de deixar para o futuro. A VIDA É AGORA!

Planejar é importante, sim, temos que nos preparar para o futuro, mas não podemos deixar de viver o presente. Esta foi uma das minhas maiores reflexões durante o isolamento social: *O que eu sonho fazer e não vou mais adiar?* E assim finalmente, após anos adiando, me inscrevi em um curso e comecei a velejar. E só consegui pensar em por que demorei tanto para fazê-lo.

Por isso, Fazedora, não espere só chegar lá para realizar. Não espere pelo momento perfeito, não deixe o tempo passar.

Viva a vida
Aproveite a jornada
Cerque-se de quem você ama
Não tenha medo de arriscar

A vida é agora!

O QUE MOTIVA VOCÊ

O que motiva você?

O que inspira você?

Qual é o seu propósito?

Você já ouviu essas perguntas diversas vezes. Contudo, já pensou de fato sobre as respostas? Quanto dessas respostas é realmente o que você pensa e sente? Ou será que responde o que esperam que você responda?

Em tempos de redes sociais, comparações incessantes com padrões inalcançáveis e falsos de beleza; em tempos de histórias contadas em segundos e somente apresentando um recorte de vitória, sucesso e glória, nós a incentivamos a ser você mesma. Nós a incentivamos a explorar a sua individualidade e toda a potência que ela tem. É fácil se perder do seu propósito quando você se esquece de quem é.

Aprenda a lidar com os seus pontos de melhoria e os melhore sempre que possível. Aprenda a aceitar os seus pontos fortes. Sim, você é e faz coisas incríveis. Deixe suas habilidades e a sua personalidade brilharem sem medo de aceitar que você é boa. Aprenda a permitir-se brilhar!

Comece aprendendo que a motivação precisa vir de você. Ela acontece de dentro para fora. Esteja cercada de pessoas que tenham o mesmo propósito que você. Inspire-se e seja inspiração para outras pessoas também.

A jornada não é fácil todos os dias, mas pode ser incrível. Pode ser linda.

Acontece que, por muitas vezes, estamos com o olhar tão fixo no próximo objetivo que nos esquecemos de aproveitar a caminhada e celebrar as pequenas vitórias do dia a dia. Porque estamos correndo, nos esquecemos de olhar para o lado e sermos gratas pelo que temos hoje. É quase como se, por vezes, nos esquecêssemos de viver e passássemos somente a existir.

Viva! A sua atitude — a forma como encara o turbilhão de acontecimentos bons e ruins que a vida traz — é que vai ditar o quanto a sua jornada será intensa, com propósito e cheia de aprendizado.

"A jornada não é fácil todos os dias, mas pode ser incrível.

Pode ser linda. "

STARTUP-SE

Você não precisa abrir uma empresa para ser empreendedora. Você pode aplicar a mentalidade de startup para ter sucesso na sua vida:

1 Tenha um propósito forte.

2 Trace um plano de como você vai chegar lá.

3 Comece pequeno, mas sonhe grande.

4 Tenha um orçamento enxuto, comece com o que tem.

5 Invista em conhecimento.

6 Reúna o melhor time com você.

7 Não tenha medo de errar, aprenda com os erros.

8 Seja persistente, não desista.

9 Se por esse caminho não der certo, pivote e comece tudo de novo!

A CALMA QUE A MATURIDADE TRAZ

Aquela sensação de que tudo o que você faz é pouco. O sentimento de que está em desvantagem e por isso tem que correr mais ainda. Aquela pressa em alcançar tudo ao mesmo tempo. Aquela necessidade de autoafirmação, de se provar. Essa é a correria da alma. Essa é a correria que machuca.

A primeira reflexão que a levamos a fazer é: *Estou fazendo isso porque é importante para mim ou porque as pessoas esperam isso?* Se descobrir que algo não é importante para a sua vida, corte-o. Simples assim. Corte-o!

Depois, comece a pensar no que é prioridade. Isso mesmo, Fazedora: no singular, a sua única prioridade!

Já percebeu que somos inclinados a pensar que tudo é prioridade? Manter a casa arrumada, relacionamento, trabalho, academia, amigos, família e todas as outras coisas que estão em nossas vidas. Tudo isso é importante e essencial. Mas, se entrar no ciclo de tentar fazer tudo ao mesmo tempo, no nível de cobrança que nos impomos, você adoece física ou emocionalmente.

Entenda: não é escolher uma coisa e não poder ter a outra. É ter sabedoria para entender que naquele determinado momento existe uma prioridade. É colocar intencionalidade no tempo que decide investir em cada pessoa e projeto. Chegou a hora de trabalhar em um projeto? Coloque sua energia e sua intenção nisso. Hora de reunir a família? Deixe o celular de lado e aproveite a sua família.

MINDSET 13

QUAL É A SUA PRIORIDADE NESTE EXATO MOMENTO?

É nela que você vai colocar a sua energia. As outras coisas serão administradas. Assim, pouco a pouco, você coloca a vida em ordem. Sem pressa. A vida não é uma corrida de 100 metros. É uma maratona.

É fácil? Nem um pouco.

Mas a maturidade traz essa calma à alma. Uma calma para entender que as coisas têm o seu tempo. Uma calma que lhe mostra quais são as brigas que precisa comprar — e lhe permite descobrir inclusive que algumas delas não merecem sua atenção. Você começa a enxergar o que realmente é importante. Começa a entender que, se não cuidar de si mesma, ninguém mais vai fazê-lo. E por cuidar me refiro a corpo, mente e alma.

É A CALMA DA MATURIDADE QUE A FAZ ENXERGAR A BELEZA QUE VOCÊ TEM SENDO ÚNICA, SEM PRECISAR COPIAR NINGUÉM NEM ENGOLIR NENHUM PADRÃO.

É a calma da alma que faz a vida ficar mais leve. É ela que nos ensina que uma das melhores sensações da vida é o desapego. Desapego de títulos, de máscaras, de pessoas, de objetos, de todo o lixo emocional que arrastamos a vida inteira.

E sabe o que acontece, Fazedora? A vida fica mais leve.

"É a calma da maturidade que a faz enxergar a beleza que você tem sendo única, sem precisar copiar ninguém nem engolir nenhum padrão."

NÃO EXISTE NINGUÉM COMO VOCÊ

Sabe qual a melhor coisa da vida?

Poder ser quem você é! Assumir sua essência, seus gostos, seus interesses, sua personalidade é libertador. É poderoso. É transformador.

Sempre me preocupei muito com o fato de ter tantas áreas de interesse: música, maquiagem, literatura, finanças, moda — e a lista segue. Era como se não conseguisse me encaixar em nenhum rótulo, sabe? Como se eu fosse feita de uma caixinha cheia de pedaços, peças de lego soltas e tão diferentes, peças que não seguem nenhum padrão.

Depois de sofrer com esse dilema e com a síndrome da impostora por tanto tempo, em um dia de reflexão, olhei bem para o espelho. Encarei o reflexo de quem eu sou. E foi nesse momento de epifania que descobri: *Sabe a caixinha? Ela é cheia de pedaços muito diferentes e muito ricos. Pedaços que se completam e que fazem de mim uma mulher única. Fazem de mim uma Fazedora.*

Fazedora, se jogue! Assuma quem você é e brilhe!

Hoje penso no quanto perdemos tempo com bobagens. Fazemos coisas de que não gostamos, para agradar pessoas de quem não gostamos, e esquecemos a nossa essência.

Quem é você? Quem é você quando está sozinha? No que você realmente acredita?

Você pode chegar a qualquer lugar. Você pode mudar a sua aparência, mas não perca a sua essência. Seja você mesma!

O mundo precisa de mais gente de verdade. E não existe absolutamente ninguém como você!

E QUEM DISSE QUE É FÁCIL, FAZEDORA?

Há momentos em que você olha para o lado e percebe que está só. Você descobre que quem mais deveria lhe dar apoio na verdade não se importa tanto assim — ou pelo menos parece não se importar.

Você olha para o espelho e não está feliz com o que vê. Eu sei que não é fácil, Fazedora.

Essa supermulher, que não se questiona de tempos em tempos, não existe. E é em dias assim que eu lhe peço que faça algumas coisas:

1 **AME-SE** e seja tolerante consigo mesma. Você é incrível, e apesar das suas falhas, na verdade, e por causa das suas falhas, você é única.

2 **NÃO** dê tanta importância para as coisas e pessoas que não têm tanta importância.

3 **FAÇA** um detox — de sentimentos, de coisas e de pessoas. É sempre importante encontrar tempo para colocar a casa (e a alma) em ordem e liberar espaço na sua vida para todas as coisas boas que estão por vir.

4 **PARE!** Você não é incansável. Quando estiver estressada, exausta ou perdendo a própria essência, simplesmente pare e respire. Nada como cinco minutos sozinha, um pedacinho de chocolate e muito amor-próprio.

5 **LEMBRE-SE** de fazer o dia ser bom. Acorde e pense em como fará as coisas, em como pode melhorar o seu dia e o dia de alguém.

6 **SEJA** grata! Sempre! Costumo dizer que a gratidão é a chave que abre a porta para muitas bênçãos.

> **"Você olha para o espelho e não está feliz com o que vê. Eu sei que não é fácil."**

O FRACASSO NÃO EXISTE

Um dos maiores medos que temos na vida é o de fracassar. Ninguém gosta de se sentir derrotado, perdedor. Mas uma das coisas mais interessantes que aprendi nos últimos anos é que, no mindset empreendedor, o fracasso não existe, só o resultado.

Você pode ter tido um resultado ruim, que não esperava. No entanto, agora está mais perto do sucesso, pois eliminou um caminho que não funcionou. Parta para a próxima tentativa.

Como disse Thomas Edison quando inventou a lâmpada:

"De fato, não fracassei ao tentar, cerca de 10.000 vezes, desenvolver um acumulador. Simplesmente, encontrei 10.000 maneiras que não funcionam."

NO MINDSET EMPREENDEDOR, O FRACASSO NÃO EXISTE, SÓ O RESULTADO.

NÃO TENHA MEDO DE PIVOTAR

Pivotar é um termo do mundo das startups relacionado a mudar de direção. Não tenha medo de mudar de ideia, de mudar a direção do seu plano original. É muito importante, ao identificar que algo não está dando certo, analisar se vale a pena insistir ou se é hora de mudar de direção.

Tem uma regra no Vale do Silício que se chama *"Fail fast"* — falhe rápido.

NÃO DEIXE QUE O ORGULHO, OU QUE O SENTIMENTO DE FRACASSO, FAÇA VOCÊ SEGUIR EM UM CAMINHO NO QUAL NÃO VALE MAIS A PENA INSISTIR. SEJA EM UM RELACIONAMENTO, SEJA NA SUA PROFISSÃO, NÃO CONTINUE INSISTINDO EM ALGO QUE NÃO A FAZ FELIZ.

Não tenha medo da mudança, ela pode ser o que falta para a sua realização.

Como boa sagitariana, não tenho medo da mudança; pelo contrário, sou viciada em adrenalina e movimento. Tenho impaciência com a rotina. Por isso, já mudei de carreira, de projetos, de relacionamentos, rumo ao meu *sonho grande*.

Pivotei e pivotarei quantas vezes for preciso. Não posso é ficar parada esperando a vida passar.

AGRADEÇA PELAS PEQUENAS COISAS

Já me considero uma pessoa grata. Pratico a gratidão em muitos momentos da minha vida. Acredito que, quanto mais agradecemos, mais recebemos, e mais o nosso coração se enche de felicidade. Mas o lockdown me fez agradecer pelas pequenas coisas.

Já era grata pela minha vida, pela minha saúde e da minha família. Mas nos quarenta minutos em que calçava o meu tênis, colocava meus fones e descia para correr milhares de voltas no meu *play*, eu agradecia por todos os raios de sol que batiam no meu rosto, pelas árvores, pelas flores, pelos pássaros, pelo céu azul. Agradecia por ser tão abençoada e ter a oportunidade de ter um *play* para ver a natureza, me conectar comigo mesma e com Deus.

Mais do que manter meu corpo em movimento, essa era a minha higiene mental. Era o momento em que Deus enchia meu coração de esperança em meio ao caos que estávamos vivendo. Tem coisas que a gente só vê e valoriza quando desacelera.

Comece o seu dia agradecendo. Agradeça pela oportunidade de viver mais um dia maravilhoso! Agradeça pela sua casa, pela sua família, pelo seu café da manhã, pelo seu trabalho. Agradeça inclusive pelas pequenas coisas. E perceba que, quanto mais você diz "Obrigada", mais a felicidade floresce na sua vida.

Preparamos um exercício para você. Experimente nos próximos dias anotar três coisas pelas quais é grata. Não importa se nada de excepcional aconteceu. O que importa é parar por alguns instantes e observar como temos inúmeros motivos para celebrar.

No exercício há espaço para uma semana, mas você poderá repeti-lo quantas vezes quiser. Quem sabe isso não se torna um hábito na sua vida, não é mesmo?

Agradeça todos os dias

Segunda

1

2

3

Antes de dormir escreva 3 motivos de gratidão.

Terça

1

2

3

Quarta

1

2

3

Quinta

1

2

3

Sexta

1

2

3

Sábado

1

2

3

Somos uma geração de fazedoras que pratica a gratidão.

Domingo

1

2

3

RECOMEÇOS

AME RECOMEÇOS. COM ELES, É POSSÍVEL APRENDER MUITO.

Sair de uma situação difícil, encarar problemas, é poder reescrever a sua história! Não me entenda mal: não gosto de problemas. Mas o fato é que eles existem e essa é a vida real.

O que eu posso lhe garantir é que temos uma força gigantesca. Uma capacidade enorme de ressurgir das nossas dores e quedas. Quando você coloca seu pensamento em algo, quando se planeja e trabalha incessantemente por um ideal, as coisas vão dar certo.

Talvez não seja exatamente como você planejou. Mas quem foi que lhe disse que **diferente** não pode ser **melhor**?

Seja lá o problema que você esteja enfrentando, chegou a hora de encará-lo. Pense nisso, Fazedora!

QUÃO DIFÍCIL É ADMITIR QUE VOCÊ ESTÁ ERRADA?

Você não é perfeita!

Você erra e tem falhas que precisam ser trabalhadas. Não se preocupe, eu também. Na verdade, todas nós temos. E não pense que é fácil! Acredite, esse exercício eu tenho que fazer diariamente. A nossa jornada é feita de escolhas. E na minha, depois de muito sofrer com o meu perfeccionismo e a necessidade de ser aceita por todos, optei por ser feliz.

Quando você decide ser feliz, entende que vale muito a pena se libertar dessas pequenas prisões, essas vitórias diárias do ego que nos fazem, muitas vezes, passar por cima de pessoas e de nós mesmas.

Seja mais tolerante! Entenda melhor a fraqueza dos outros e entenda melhor as suas fraquezas também.

É difícil, não é? Recuar em uma discussão ou admitir que você está errada realmente não é fácil. Mas faz tão bem! Garanto-lhe que faz. Garanto que você evolui como ser humano e se transforma em uma pessoa mais livre, e por isso mais leve, mais fácil de conviver.

E, sim, o erro faz parte. Ele nos molda. Quando erramos, caímos. E é nessa dor da queda que paramos para repensar.

E a partir daí você decide quais caminhos tomar. O orgulho não a fará feliz. Assuma que está errada, corrija a sua rota, desculpe-se e vá ser feliz.

A vida é curta, Fazedora. E ela está passando.

AS PALAVRAS TÊM PODER

Acredito muito no poder das palavras; por isso, temos que ter cuidado com o que comunicamos para as nossas vidas. Se acha que sua vida não está boa e começa a reclamar, você atrai ainda mais problemas e dificuldades.

Sei que muitas vezes é difícil ser otimista em momentos difíceis, mas experimente quebrar esse ciclo. Experimente, toda vez que for reclamar, agradecer por uma coisa boa da sua vida.

Experimente, toda noite ao dormir, agradecer pelas três melhores coisas que aconteceram no seu dia. Perceba que, mesmo em um dia difícil, sempre temos motivos para agradecer e sermos felizes.

E quanto aos seus sonhos, não os sonhe apenas: fale sobre eles. Fale sobre seus objetivos, mentalize todos os detalhes do dia em que os realizará e agradeça hoje como se já estivesse vivendo essa vida — a vida dos seus sonhos! Expressar gratidão todos os dias vai tornar sua vida mais feliz e abundante, acredite!

COLOQUE NO PAPEL: MEU CADERNINHO

Tão importante quanto saber o que quer, é colocar isso no papel.

ESCREVER E MENTALIZAR, ESSA É A CHAVE DO SUCESSO PARA MATERIALIZAR SONHOS.

Tenho um caderninho no qual escrevo detalhadamente meus objetivos e o caminho para alcançá-los. Eu o reviso de tempos em tempos e gosto de, todo início de ano, verificar o que alcancei no ano anterior e colocar novos planos. Para objetivos maiores, precisaremos de mais tempo.

Minha dica é: escreva no topo o seu sonho grande, o maior de todos, e estipule um tempo razoável para alcançá-lo. Depois, crie uma linha do tempo de lá até agora, estipulando objetivos de médio e curto prazos que o levem até ele.

A melhor sensação é verificar que alcançou um objetivo muito antes do prazo que estabeleceu. Para mim, é um gás extra para começar bem e com força um novo ano. Aconselho você a escolher um caderninho para fazer isso. O meu tem dez anos e é maravilhoso poder relê-lo e acompanhar toda a transformação da minha vida de lá para cá.

+ SAÚDE + ATIVIDADE FÍSICA + FAMÍLIA

O PODER TRANSFORMADOR DA LEITURA

Leio desde os 5 anos de idade, hábito cultivado pelo meu avô, que, apesar de ter apenas o ensino primário, lia de um a dois jornais todos os dias. Apesar do pouco estudo, meu avô era uma pessoa superinformada que conversava sobre todos os assuntos, em uma era sem internet.

Essa inspiração me trouxe o prazer de ler. Conforme fui crescendo, percebi que com os livros tinha a oportunidade de viajar para lugares e épocas que gostaria de conhecer. Que tinha a oportunidade de conhecer pessoas, ter aulas com os melhores professores.

Até hoje me impressiona ler livros que foram escritos séculos atrás e como seus ensinamentos são tão atuais e importantes nos dias de hoje. São aprendizados valiosos, que ninguém nos tira. O que mais me encanta nos livros é o fato de ser um conhecimento acessível a todos.

A menina na periferia do Brasil tem o mesmo acesso e aprende o mesmo conteúdo que uma estudante de Harvard ou uma empreendedora na China. Se você ainda não tem o hábito da leitura, procure começar com trinta minutos de duas a três vezes na semana e veja os efeitos positivos na sua vida.

SEJA CURIOSA

MAIS QUE INTELIGENTE, ESTUDIOSA, ESFORÇADA, TRABALHADORA... SEJA CURIOSA!

Pergunte, questione, investigue, debata e não se contente com respostas comuns. Todos os grandes cientistas, inventores, pensadores conseguiram fazer descobertas à frente de seu tempo por serem curiosos, por não se contentarem com padrões. É sobre se questionar a respeito de como algo pode ser feito de maneira diferente; é sobre pensar em soluções e eficiência.

Quando crianças, a curiosidade nos faz conhecer o mundo através dos nossos olhos. A curiosidade nos leva a descobrir um novo mundo de possibilidades.

Vida longa à curiosidade!

REFORMA

É isto: estou em reforma. E convido você a fazer o mesmo.

São reformas de interesses, de amizades, de corpo e de alma. E o mais incrível é ser a própria responsável por isso, sem terceirizar, sem atribuí-la a ninguém. Essa reforma é aquela que quebra paredes e barreiras que construímos na nossa vida e no nosso coração.

É HORA DE REFORMAR. FAZER AS ESCOLHAS QUE VÃO MUDAR QUEM NÓS SOMOS. ESCOLHA SER UMA PESSOA MELHOR!

Comece com coisas pequenas. Escolha ser mais gentil, inclusive com você mesma.

Escolha não ter medo de viver, porque a vida passa muito rápido.

Escolha mudar — pode ser a cor do cabelo, o emprego ou até o país; no entanto, isso deve fazê-la feliz de verdade.

Escolha ser mais tolerante.

Escolha ser feliz, mesmo que isso signifique abrir mão de status, de relacionamentos e de certezas.

Viver pela metade é para amadores. E é nessa reforma que nós viramos profissionais.

A SUA VIDA É O REFLEXO DAS CINCO PESSOAS MAIS PRÓXIMAS

Pense nas cinco pessoas com quem você mais se relaciona. O que vocês têm em comum? A mesma forma de pensar, agir, às vezes até o mesmo estilo de se vestir! Já tinha observado isso?

Existem pesquisas que demonstram que até a renda gira em torno da mesma média, porque as aspirações e os hábitos de consumo são semelhantes. Muitas vezes nos perguntamos por que nossa vida está estacionada, por que nada dá certo e, quando olhamos para o nosso lado, vemos que os nossos amigos e familiares estão com a mesma mentalidade e reclamando dos mesmos problemas.

Por isso é tão importante conhecer lugares novos e pessoas novas, saber que existem outros mundos, outras possibilidades e outras escolhas. Não significa abandonar nossos amigos e nossa família nem virar as costas para onde viemos, mas aspirar ao novo, ampliar os horizontes. Significa criar uma nova oportunidade de vida para nós e aqueles que amamos.

INVISTA EM VOCÊ

Esta é uma das maiores regras que levo à risca e digo que este é o melhor dos investimentos, sem dúvida alguma. Quer aumentar os seus ganhos? Quer aumentar seu salário e não sabe como começar? Invista em você, invista em conhecimento.

Faça cursos, palestras, workshops, vá a eventos, leia livros, invista em conhecimento e verá como sua renda vai se multiplicar. Quanto mais se capacita, mais portas se abrem e seus rendimentos aumentam.

Lembro-me de quando decidi que era importante fazer uma pós-graduação para poder crescer na empresa em que trabalhava. Procurei a instituição referência no assunto, apesar de ter muitas outras que custariam menos, às vezes até a metade, porque sabia que tinha que investir na proporção que queria crescer.

O curso custava um terço do que eu ganhava por ano e, como já morava sozinha, tinha diversas contas a pagar e ia ficar bem apertado. Muitos falaram: "Espere, porque, com a boa performance que você vem tendo, daqui a pouco vai receber um patrocínio da empresa e fazer seu curso com 70% de bolsa." Mas eu não queria esperar, sabia dos meus objetivos e o tempo em que queria conquistá-los. Segurei a onda e dividi o curso em 24 meses.

Ao final do curso, surgiu uma oportunidade na empresa e eu estava preparada.

Resultado: mais que dobrei minha renda; o investimento se pagou rapidamente. Por isso até hoje, todos os anos, escolho novos cursos e sempre invisto em mim. Sou daquele tipo que tira férias para fazer um curso em outro estado ou país. Mas o resultado que tenho desse investimento em mim não tem como mensurar: é para vida toda, é exponencial.

> **"Quanto mais se capacita, mais portas se abrem e seus rendimentos aumentam."**

TICKET NA MÃO

Acredito na máxima que diz que "o sucesso é quando a preparação encontra a oportunidade".

Uma coisa que aprendi no mundo dos negócios é que a oportunidade passa como um bonde e só sobe nele quem tem os tickets na mão. Vejo muitas pessoas reclamando que não saem do lugar, que o chefe não as reconhece, que o colega entrou na empresa há pouco tempo e foi promovido antes e assim por diante. Mas o que percebo haver em comum a todos que dizem isso é que todo mundo quer, mas nem todo mundo paga o preço.

Não se programam, não se esforçam, não querem abrir mão do lazer para fazer um curso. Falam, falam, mas são os principais responsáveis pelo próprio insucesso. Quando a oportunidade chega, não estão preparados para agarrá-la.

Por isso, se programe, Fazedora.

PLANEJE SUA CARREIRA, LISTE O QUE PRECISA PARA CHEGAR LÁ E, PRINCIPALMENTE, PAGUE O PREÇO! ASSIM, QUANDO A OPORTUNIDADE CHEGAR, SERÁ A SUA HORA, O SEU MOMENTO.

Vamos a um novo exercício?

Defina a sua próxima meta de carreira, o seu sonho, e desmembre cada uma das etapas que precisará cumprir para alcançar esse objetivo.

Projeto
Minha Carreira

Qual o seu sonho?

Prazo

Orçamento (R$)

O que te motiva?

Quem te motiva?

Estabeleça etapas de execução

CARREIRA
carreira

VOCÊ NÃO PRECISA SER IGUAL A ELES

Assisti ao filme *Não Sei Como Ela Consegue* e fiquei pensando em como nós mulheres muitas vezes deixamos de ser quem somos para nos adaptarmos a ambientes majoritariamente masculinos. No filme, Sarah Jessica Parker interpreta uma analista de investimentos que se divide na tarefa da mulher moderna de ser executiva de sucesso, mãe e esposa. Em várias cenas, vemos o preconceito que ela sofre das outras mães da escola por ser uma executiva. E dos colegas no trabalho, por ser mulher e mãe. Parece que, para eles, ela nunca consegue cumprir bem um papel por causa do outro. E ela mesma se cobra e se sente frustrada por causa disso.

Eu logo me identifiquei com o filme. Afinal, o mercado financeiro é um ambiente majoritariamente masculino. Já ouvi críticas a outras colegas e também já fui vítima de muito preconceito. No início, busquei ser "uma deles". Saía para os happy hours, ouvia piadas infames e participava de todas as conversas. Parecia que eu era o chaveirinho deles, a irmã caçula. Aquela época foi muito divertida. Mas não foi por "fazer parte da turma" que eles passaram a gostar mais de mim ou admirar meu trabalho. Foi por eu ser eu mesma. Uma mulher comprometida, dedicada, competitiva e de alta performance na entrega do meu trabalho.

E o filme mostra exatamente isso. No momento em que ela para de tentar se adequar ao mundo deles e se posiciona como mulher e profissional, ela é valorizada. Então, Fazedoras, se vocês trabalham em um ambiente masculino, não se deixem pressionar pelas diferenças. Pelo contrário, façam delas o seu diferencial. Veja como suas características podem ser complementares no grupo. Aproveitem o seu dom de ouvir, de colaborar e se relacionar para multiplicar os negócios na sua empresa, pois, como ela constata magistralmente no final do filme:

> **"Porque tentar ser um homem é desperdiçar uma mulher."**
>
> Sarah Jessica Parker em *Não Sei Como Ela Consegue*

COMO CONVERSAR SOBRE DINHEIRO COM O SEU CHEFE

Apesar das muitas conquistas que tivemos nos últimos anos, as mulheres ainda recebem remuneração inferior à dos homens em muitos cargos. Segundo pesquisa do IBGE, mulheres ganham em média 77,7% do salário dos homens no Brasil (2019). Um interessante episódio da série *Explicando*, da Netflix, apresenta estudos que demonstram que os homens alcançam postos mais altos em hierarquia e remuneração pelo simples fato de terem uma carreira linear, com menos recomeços que a das mulheres.

Se você acha que está ganhando menos do que merece, o primeiro passo é fazer uma pesquisa sobre a média salarial para o seu cargo na sua empresa e no mercado. É algo que você hoje consegue verificar facilmente pela internet. Se estiver realmente ganhando abaixo da média, reúna todas as informações sobre seus feitos, projetos e performance. Monte uma espécie de dossiê e converse com o seu gestor, expondo o seu trabalho e defendendo com argumentos por que você merece um aumento. Jamais fale "Porque fulano faz muito menos que eu e ganha muito mais por isso". Não se compare!

Este foi um aprendizado que tive com um dos meus primeiros líderes: sempre reunir os dados que contam a minha história profissional, para tê-los na ponta da língua em um feedback informal com meus gestores. Assim nunca precisei ter uma reunião para pedir aumento e promoção. Como conversávamos constantemente e eles sempre estavam atualizados de meus interesses e resultados, os méritos e as promoções se davam naturalmente. Nós temos que ser as nossas principais promotoras, Fazedoras! Não tenha medo e não se contente em receber menos do que merece. Seja estratégica e saiba exatamente quanto vale o seu passe no mercado.

QUANDO A INSEGURANÇA FINANCEIRA ATRAPALHA A CARREIRA

Como sempre digo: dinheiro é liberdade! E a falta dele pode atrapalhar diversas esferas da sua vida, inclusive a sua carreira.

A falta de um planejamento financeiro pode causar perda de liberdade, dependência e até escolhas profissionais ruins. Quantas pessoas você conhece que permanecem em empregos nos quais não são valorizadas e ainda assim morrem de medo de ficar sem eles? Isso se deve ao fato de elas não trabalharem porque gostam, mas porque precisam. Porque dependem daquele salário e não podem parar.

Quando temos uma reserva financeira, passamos a ter mais opções de escolha. Podemos escolher trabalhar com o que acreditamos. Podemos trabalhar com o que queremos e onde queremos. Podemos escolher recomeçar ou tentar uma nova carreira. Podemos escolher até passar um tempo sem trabalhar.

A vida é feita de escolhas. Portanto, não deixe o seu futuro para amanhã nem delegue a outra pessoa a responsabilidade de cuidar do seu dinheiro. Comece logo o seu planejamento financeiro e viva intensamente a vida que você escolheu viver.

A FALTA DE UM PLANEJAMENTO FINANCEIRO PODE CAUSAR PERDA DE LIBERDADE, DEPENDÊNCIA E ATÉ ESCOLHAS PROFISSIONAIS RUINS.

DERRUBE TETOS

Recentemente li a autobiografia do Edu Lyra, do projeto Gerando Falcões, e me identifiquei imediatamente com esta expressão: "Derrube os seus tetos!"

Ela é importante especialmente em uma sociedade na qual existem tantas crenças limitantes; na qual pessoas, todos os dias, vão duvidar de você, colocá-la para baixo, dizer que você não é capaz, que não consegue. Especialmente para nós, mulheres.

Já somos chamadas de "sexo frágil", sensíveis, delicadas. São mensagens sutis que nos colocam todos os dias dentro dos limites de uma caixa, e essas mensagens são tantas que, muitas vezes, acabamos acreditando nelas e deixamos adormecido todo o nosso potencial.

Não se deixem contaminar, Fazedoras. Não existem limites para o que podemos fazer e aonde podemos chegar! Derrubem os tetos de vocês. Não deixem que ninguém lhes diga qual é o seu limite.

Tenha na sua vida metas ousadas e ambiciosas. Concentre-se sempre no próximo passo, dê o seu máximo. Faça 150%. Faça 200% para ir além. Ao infinito e além!

DÊ VALOR AO QUE REALMENTE IMPORTA

Como fomos criadas para sermos mulheres fortes e independentes, uma armadilha na qual frequentemente caímos é a do excesso de dedicação ao trabalho.

Certa vez, um chefe/amigo me disse que eu tinha que entregar 200% porque era mulher. Por mais horrível que essa frase pareça, sei que ele falou isso querendo o meu bem. E eu levei essas palavras como uma grande bandeira na minha vida. Preciso sempre entregar mais! Preciso sempre entregar mais! E assim deixei muitas coisas de lado, principalmente o cuidado com a minha saúde.

Mas, graças a Deus, aprendi a tempo que não precisava abrir mão da minha vida pessoal para ser bem-sucedida. E que não precisava ser a primeira a chegar e a última a sair para mostrar que estava comprometida e motivada. Pelo contrário. Existe vida além do escritório! É bem-visto aquele que consegue cumprir suas tarefas com excelência durante o horário comercial e aproveitar o resto do dia com a família, aproveitar seus hobbies e amigos.

O trabalho, sem dúvidas, tem um papel muito importante nas nossas vidas, mas ele é uma parte do que nós somos. Afinal, somos humanas e não máquinas, e nossas vidas têm muitas outras prioridades e interesses. Reflita sobre o que realmente lhe é importante, a faz feliz e completa, e não deixe isso faltar em nenhum dia da sua vida.

Siga o conselho de Steve Jobs: "Se hoje fosse o último dia da minha vida, queria fazer o que vou fazer hoje? E se a resposta fosse 'Não' muitos dias seguidos, sabia que precisava mudar algo."

AMPLIE OS SEUS CICLOS E O SEU HORIZONTE

Já observaram que andamos em grupos desde a escola? São as nossas panelinhas. Desde os tempos do recreio, temos um grupo seleto de amigas com quem fazemos as refeições e passamos os intervalos, e esse mesmo comportamento nos acompanha na vida adulta e no ambiente de trabalho, muitas vezes nos limitando ao nosso grupo de afinidades.

Sempre gostei de circular em vários grupos, conhecer pessoas novas. Cada pessoa é única e traz consigo uma bagagem e experiências diferentes, e quanto mais diferentes forem de você, mais diferentes serão as suas ideias e seu ponto de vista, enriquecendo ainda mais seu repertório.

Hoje, nas empresas, ouvimos falar muito da importância de ter times diversos. Mas a diversidade vai além de gênero, raça, credo, sexualidade. A maior diversidade está na esfera do pensamento e do conhecimento — é a chamada *diversidade cognitiva*. Em um mundo em constante transformação e cada vez mais complexo, times fortes são aqueles que têm diversidade de pensamento. Times que pensam e debatem ideias, trazem diferentes pontos de vista e propõem novas soluções.

Convido vocês, então, a quebrarem esse ciclo, Fazedoras. Experimentem conhecer pessoas novas, seja no trabalho, no condomínio, na academia, no curso. Experimentem conhecer e conversar com pessoas bem diferentes do seu ciclo de amizades. Esta é uma excelente oportunidade para gerar novas ideias e criar uma rede de relacionamento diversa.

Comece a aumentar a sua rede de relacionamentos e conexões. Expanda seus horizontes!

ESTEJA NA VITRINE

No mundo digital e de redes sociais em que vivemos, é até incoerente esperar ser notada. Mas muitas mulheres se comportam assim. Elas têm vergonha ou se diminuem, deixando de se autopromover e divulgar seus trabalhos. Fazedoras, o bom e velho marketing pessoal sempre existiu, e espertos são aqueles que se utilizam dele. E agora, mais do que nunca, essa divulgação pode ser exponencial, por meio da internet.

Atenção aqui: marketing pessoal e autopromoção não significam ser exibida ou puxa-saco. Não! Marketing pessoal é sobre aproveitar as oportunidades para divulgar seus feitos e suas conquistas. Trata-se de deixar as pessoas conhecerem mais sobre você e seu trabalho, saberem de seus interesses, habilidades e realizações.

Pense em si mesma como uma marca, uma empresa. Hoje, quando alguém pesquisa sobre você nas redes sociais pessoais e profissionais, que imagem ela tem? O que suas fotos e mensagens dizem sobre você?

Esse assunto pode parecer bobagem, mas muitas empresas pesquisam os nossos perfis nas redes sociais profissionais e pessoais durante um processo de seleção, para saber se nossos valores e atitudes são compatíveis com as da empresa.

Não estou dizendo que você agora tenha que ficar neurótica e se comportar de forma diferente nas redes sociais, ser um personagem, afinal, as pessoas sabem também quando o comportamento é *fake*. A minha dica aqui é apenas aproveitar essa oportunidade de divulgação gratuita e infinita para promover quem você realmente é e o que a diferencia. Aproveite essa vitrine digital para multiplicar o seu trabalho e seu propósito, e atingir o maior número de pessoas possível.

As pessoas vão construir a imagem que elas têm de você com base nos indícios que espalha por aí. Desenvolva a sua marca pessoal de forma autêntica, genuína e honesta e aproveite todos os benefícios que a vitrine digital pode lhe proporcionar.

> " Marketing pessoal e autopromoção não significam ser exibida ou puxa-saco. "

APERTE O BOTÃO QUE LEVA PARA CIMA

Meninas, já ouviram falar no princípio do elevador, do escritor John C. Maxwell? Trata-se de uma interessante metáfora com os botões de um elevador, que permitem elevar ou rebaixar as pessoas.

O botão que eleva as pessoas é o dos elogios, apoio, companheirismo, compreensão. Ele é ativado quando somos agregadoras na vida de alguém, multiplicadoras, amigas de verdade e base para tornar essa pessoa ainda maior e melhor.

Já o botão que leva para baixo está carregado de energia negativa, críticas, inveja, fofoca, egoísmo. Ele é ativado por pessoas que só sabem subtrair, são rancorosas e acreditam que precisam diminuir os outros para serem melhores que eles.

Infelizmente é possível encontrar esse mindset de escassez e competição no mundo corporativo, como se só um pudesse ter sucesso. As pessoas têm dificuldade em compartilhar, apoiar, elogiar. "Farinha pouca, meu pirão primeiro!", sabem como é?

Uma coisa que muitas pessoas desconhecem é a lei da ação e reação. Quanto mais elas criticam e diminuem os outros, mais para o fundo do poço do elevador elas vão também. No entanto, quando nos dedicamos a elevar os demais, subimos com eles para os andares mais altos do prédio!

A decisão é sua. O seu sucesso ou seu fracasso depende de você e da forma como lida com os outros. Qual o botão que você vai apertar no seu elevador hoje?

CARREIRA   73

POTENCIALIZE O QUE VOCÊ TEM DE MELHOR

Aqui vai uma dica prática que vejo ser um problema para a grande maioria das pessoas.

PARE DE PERDER TEMPO SE CONCENTRANDO NO QUE VOCÊ NÃO É BOA. CANALIZE TODA A SUA ENERGIA NO QUE VOCÊ FAZ DE MELHOR!

Esse foi mais um aprendizado que tive no esporte e na minha vida profissional. Nós, mulheres, temos o defeito do perfeccionismo. Queremos ser boas em tudo. Somos multitarefas, temos vários papéis e nos cobramos demais. E muitas vezes nos apegamos demais às dificuldades. Ficamos martelando, martelando, sem sair do lugar, e não apreciamos de verdade nossas qualidades, no que somos realmente boas.

Uma vez tive um líder que ficava batendo sempre nos meus pontos fracos. "Sua entrega aqui neste item não está boa, tem que melhorar, tem que melhorar." A verdade é que eu despendia minha energia em melhorar um único item. Aquele esforço enorme resultava em uma pequena evolução, que era suficiente para ele largar do meu pé por um tempo. Mas o que ele não conseguia enxergar era que, se eu investisse a mesma energia no que eu era realmente boa, a minha produção seria tão forte que compensaria muito aquilo em que eu tinha dificuldade.

CARREIRA 75

Ninguém é perfeito em tudo. Times fortes são compostos de pessoas diversas e perfis heterogêneos. O dia em que eu entendi que não precisava ser perfeita em tudo, e que eu era muito boa em algumas coisas, foi libertador. Passei a explorar e potencializar minhas fortalezas. Canalizar minha energia para o que realmente dava resultado, e ver a minha produção e meu reconhecimento profissional dispararem.

Fazedora, concentre-se no que você é boa e coloque toda a sua energia nisso! Não tem como dar errado. Agora, é importante também não deixar os pontos de melhoria crescerem a ponto de a atrapalharem. Aprenda a administrar isso. Será sucesso!

"Pare de perder tempo se concentrando no que você não é boa.

Canalize toda a sua energia no que você faz de melhor!"

BRINDE-SE

A vida muitas vezes é tão corrida, atribulada. São tantas as tarefas, são tantas as metas, que nos esquecemos de nós e de comemorar. Pois é, parece louco. Perseguimos tanto uma coisa e, quando a conquistamos, partimos para o próximo desafio. É uma certa adrenalina que nos move. Sei bem o que é isso. Sempre tenho uma meta pessoal ousada.

Adoro a adrenalina, adoro a conquista, mas uma coisa que não pode faltar na minha vida é a celebração. E essa celebração pode vir desde as pequenas conquistas.

Que chata seria a vida se só comemorássemos uma vez por ano. Para mim, celebrar não é só comemorar meu aniversário e o belo ano no escritório. Vou desde um "momento de riqueza" brindando um café, como eu brincava com meu amigo no trabalho quando fechava um negócio, até me dar um presente mais caro (adoro joias!) quando batia uma meta importante. É um momento meu, de celebrar, de me reconhecer, de me presentear.

É claro que, como todo ser humano, adoro ser reconhecida pelos meus feitos. Na minha casa, coleciono todas as medalhas e os troféus que recebi desde criança. É algo que me motiva e inspira. Mas acredito que muito do meu sucesso profissional vem de eu mesma me reconhecer, me admirar e celebrar. Se você não se admira e reconhece a bela pessoa e profissional que você é, como podem os outros a reconhecerem?

Não delegue a sua felicidade ao reconhecimento de outros, Fazedora. Brinde a vida! Brinde as conquistas! Brinde a família!

Brinde a pessoa maravilhosa que você é!
Brinde-se!

PRODUTIVIDADE COM PAPEL E CANETA

Todo ano fazemos e ouvimos as mesmas promessas: "Este ano eu vou fazer diferente! Vou fazer dieta, vou fazer exercícios, vou guardar mais dinheiro, vou ler mais livros... vou fazer diferente!"

Todos os anos traço minhas metas profissionais e pessoais, mas, desde que passei a monitorar o progresso rumo às metas usando um planner, meu crescimento foi exponencial. Percebi a importância de focar a trajetória, e não só o objetivo final.

Sempre traço os objetivos do novo ano no final do anterior e sigo monitorando com alguns ajustes ao longo do ano. Com o planner, diminuí radicalmente essa janela. Dividi minhas metas por semana e passei a fazer anotações diárias — sim, diárias!

Pode parecer insano, mas me trouxe uma visão muito mais clara do que estou acertando ou errando e me permite logo fazer o ajuste necessário para calibrar. É o chamado *fail fast* que as startups do Vale do Silício tanto falam.

QUANTO MAIS RÁPIDO VOCÊ ERRA, IDENTIFICA E CORRIGE, MAIS RÁPIDO VOCÊ APRENDE E CRESCE.

Faço apenas um plano simples, com um caderno e uma caneta. Anoto todos os dias e analiso, no final de cada semana, quantos dias eu li, com quantos clientes conversei, quantas vezes na semana fiz exercícios, quantas vezes meditei, se me alimentei bem ou mal etc. Assim, consigo ter uma grande foto de como foi minha semana, o que foi bem, em que preciso evoluir e o que ajustar para a semana seguinte. Desde que passei a fazer esse acompanhamento próximo, mais do que dobrei os meus resultados.

Ter um controle próximo e metas de curto prazo aumenta a motivação e a produtividade. Para quem não tem um planner, recomendo ter um. É muito melhor planejar com a agenda nas mãos e olhar a grande foto da semana e do mês. E, para os amigos que sempre me recomendaram usar essa estratégia, superobrigada!

Para que correr, se a gente pode voar...

Vamos experimentar? Use o planner "Meu Mês" para se planejar. Aproveite a página "Vá e faça", para listar os seus objetivos específicos e os destaques para aquele mês.

Meu Mês

Domingo	Segunda	Terça	Quarta	Quinta	Sexta	Sábado

Destaques do mês

Somos uma geração de Fazedoras!

Vá e faça!

"Ter um controle próximo e metas de curto prazo aumenta a motivação e a produtividade."

VOCÊ NÃO TERÁ UMA SEGUNDA CHANCE DE CRIAR UMA BOA IMPRESSÃO

Nunca vou me esquecer desta frase que li no meu primeiro dia trabalhando em novos negócios: você não terá uma segunda chance de criar uma boa impressão. Sempre ouvi falar que a primeira impressão é a que fica, mas essa frase me fez refletir de forma diferente. Agora o meu trabalho era apresentar o banco e abrir contas de grandes clientes. Se eu não tivesse logo na largada uma boa apresentação que capturasse a atenção, não teria a chance de uma outra reunião com o cliente.

Levei esse mantra para a vida e repito esse aprendizado para todas as minhas amigas. É muito importante, antes de uma reunião, apresentação ou entrevista, estar muito bem preparada. O tempo é hoje o ativo mais valioso. Precisamos mostrar para a pessoa do outro lado que valorizamos o tempo que ela está nos disponibilizando e vamos fazer valer a pena.

Na vida profissional, conhecimento, comportamento, postura, atitude e até o que você está vestindo podem fazer toda a diferença na hora de fechar um negócio. Como costumo dizer, temos que ser o que queremos ver!

Se você quer uma oportunidade na sua empresa ou uma mudança na sua vida, perceba como as pessoas a enxergam hoje. O que a sua postura, o seu comportamento e a sua aparência comunicam? Será que, quando olham para você, conseguem ter uma leitura de sucesso e confiança? Conseguem vê-la como a pessoa mais preparada para aquela posição? Não pense que a opinião dos outros não importa e que eles têm que gostar de você como for. Mostre que você é profissional e que já está pronta para novas oportunidades.

O SEU NOME CHEGA ANTES DA REUNIÃO

O que os profissionais que viram referência em uma determinada área têm em comum? Credibilidade, comprometimento, trabalho duro, dedicação e uma reputação de excelência.

Pense da seguinte forma: quando você vai a um médico do qual nunca ouviu falar, o seu desconforto é maior. Você não sabe o que esperar daquele atendimento. Da mesma forma, quando alguém do seu ciclo de confiança lhe indica um profissional, você já chega lá se sentindo mais segura, confiante e com maior proximidade.

Ao falar em gestão de carreira, a importância de ter uma marca pessoal fortalecida é enorme. O que as pessoas falam de você quando você não está perto?

Quando não é pontual, você demonstra que, além de não respeitar o seu tempo, também não respeita o das outras pessoas.

QUANDO NÃO HONRA SEUS COMPROMISSOS (MESMO OS PEQUENOS), POUCO A POUCO DESGASTA A CREDIBILIDADE DO SEU TRABALHO.

Nós que atendemos ao público sabemos da relevância que é ter uma reputação fortalecida.

Em nossa jornada no mercado financeiro, esbarramos com inúmeros profissionais de áreas diferentes. Mas o que sentimos é que, muitas vezes, no público feminino, há uma preocupação: "Não posso aparecer demais, não quero que pensem que sou metida ou passar a impressão equivocada." Atente-se ao fato de que raramente você verá um homem falando ou agindo assim. Fomos criadas para não chamar atenção. No entanto, o que posso dizer é que, no mercado de trabalho, só se destaca quem é muito bom e quem é reconhecido por ser muito bom.

Veja bem: ser é primordial. Primeiras impressões sem conteúdo de nada adiantam. Contudo, aparentar ser também muito importante, caso contrário, você será mais um exemplo de profissional excepcional que ficou quietinha no canto da sala esperando que alguém reconheça seu trabalho.

Se tiver sorte, trabalhará com uma liderança que realmente se preocupa em enxergar o potencial de cada profissional. Mas será que dá para deixar a sua carreira à mercê da sorte? Acredito que não.

"Caso contrário, você será mais um exemplo de profissional excepcional que ficou quietinha no canto da sala esperando que alguém reconheça seu trabalho."

VOCÊ TEM UMA VOZ: FAÇA COM QUE ELA SEJA OUVIDA

Esteja preparada para fazer a sua voz ser ouvida!

Muitas vezes, não lhe darão licença para falar e você precisará se impor. Portanto, aqui vão algumas dicas para aqueles dias de insegurança:

1 Seja autêntica. "Em tempo de cópias, nada melhor do que ser você mesma." Aprenda a confiar em quem você é e em como faz as coisas.

2 Não tenha medo de ouvir "não". Acredite, o recomeço faz parte de toda jornada vencedora.

3 Esteja preparada. Você pode ter somente uma oportunidade de mostrar quem você é. Esteja com a roupa, a atitude e o discurso prontos para arrasar.

4 Não tenha medo do trabalho. Não duvide da sua capacidade de adaptação e desenvolvimento. Vários desafios chegaram à minha jornada e precisei me desenvolver durante a execução. Só não vale se boicotar e deixar de aceitar um desafio por medo de falhar.

5 Só recue se fizer sentido recuar. Se você acredita na sua ideia, defenda-a!

E por último, e não menos importante: **ouça a voz das outras mulheres!**

Estamos certas, de que, como nós, você também presenciou mulheres não recebendo o espaço que merecem em suas empresas. Então, se você trabalha com outras mulheres e percebeu algo assim, não seja omissa. Fortaleça outras mulheres na sua jornada de crescimento. Acredite, temos um poder transformador quando estamos unidas.

> **"Temos um poder transformador quando estamos unidas."**

AUTENTICIDADE GERA CONEXÃO

Se tem uma máxima que repito diariamente para os meus liderados é: pessoas fecham negócios com pessoas.

É claro que estar vinculada a uma marca (empresa) de credibilidade é superimportante. Mas já percebeu como, em um mesmo ambiente de trabalho, inclusive nas empresas líderes nos seus setores, pessoas têm desempenhos absurdamente diferentes?

Autenticidade gera negócios! Conecte-se com o seu público, com o seu cliente interno e externo. Conexões genuínas dão sustentabilidade para sua carreira e fazem de você uma profissional de referência, independentemente da sua área de atuação.

Trabalhar com foco para surpreender o cliente gera resultados impactantes; a constância disso gera reputação. E uma reputação sólida atrai novos clientes.

Você não precisa copiar ninguém para ter sucesso. Quanto mais o discurso lhe for natural, mais poder de convencimento você terá. Para se destacar, tenha autenticidade na venda de um produto, uma ideia ou uma visão. Não tenha medo de ser quem você é, e muito menos vergonha da sua jornada até aqui.

SEJA A CEO DA SUA VIDA

Li recentemente um livro da Lydia Fenet sobre business e repensei bastante o conceito de liderança. Dos vários parágrafos que me chamaram atenção, um dos que mais gostei explicou como não importa se você é a CEO da sua família, ou a CEO da sua empresa ou a CEO de várias excelentes ideias. O que realmente importa é como você encara a responsabilidade pelo seu sucesso.

Por isso, seja CEO da sua vida! Se você está em casa, cuidando de sua família, faça isso com propósito. Dedique sua atenção a isso. Saia do piloto automático e desfrute desses momentos (mesmo com todo o desgaste que possa ter). A mesma premissa vale para quando você está no trabalho.

Não transfira para outras pessoas o sucesso dos seus relacionamentos, carreira, vida financeira ou profissional. Não pense de forma simples. Você é responsável pela sua jornada. Cabe a você entender qual é o seu conceito de sucesso e ir atrás dele.

Busque mais formação, cresça, evolua. Aprenda a gerir melhor o seu tempo para que você consiga ter mais tempo para você e para sua família. Aprenda a gerir melhor o dinheiro, assim você trará prosperidade para o seu lar.

PARE DE POSTERGAR E PROCRASTINAR. ASSUMA O PROTAGONISMO E SEJA A CEO DA SUA VIDA.

NÃO TENHA MEDO DE EMPURRAR A PORTA

Entenda uma premissa: nós estamos sempre negociando, seja a venda de um produto, a defesa de uma ideia, ou até mesmo uma promoção ou aumento salarial.

Acontece que nem sempre dá para pedir licença e esperar que vejam o quão incrível você é. Não dá para esperar que a convidem para entrar na sala. Perca o medo de empurrar a porta. Perca o medo de levantar a mão e se posicionar. Aprenda a negociar em seu próprio benefício.

"Ah, mas eu tenho vergonha. Tenho medo." Não deixe isso paralisá-la. Todos os profissionais de destaque que conheço são ousados. Vejo profissionais incríveis altamente passivas na gestão de suas carreiras. Acredite, se não mudar o seu mindset, você vai ficar para trás.

Em todos esses anos em cargos de liderança e fazendo inúmeros processos de contratação, posso afirmar que dou preferência para pessoas ousadas a pessoas qualificadas.

Não adianta ter todos os requisitos técnicos se a pessoa for estática, até porque hard skills (as habilidades técnicas que você usa na execução do seu trabalho) são possíveis de serem ensinadas. Pense nisso!

LEMBRE O QUE A FEZ COMEÇAR

Inúmeras dificuldades e frustrações nos fazem questionar as nossas escolhas. Quando ficar difícil, lembre-se do que a fez começar.

Nessa pressa do resultado imediato, esquecemos que as grandes carreiras são feitas ao longo do tempo. Não existe atalho para isso. Todos nós precisaremos passar por curvas de aprendizado técnico, emocional e empresarial. Como sempre brinco, precisamos engrossar a casca.

Você precisa ser tolerante com o tempo das coisas e com você mesma. Até porque não tem como acertar em 100% das suas escolhas profissionais.

Não existe perfeição. O que existe é um processo de aprendizado e crescimento constante, que passa por momentos de recuo e estagnação. Esses momentos também a fazem crescer.

Você precisará aprender a lidar com os seus sentimentos e inseguranças para conseguir continuar. Terá que administrar a desconfiança dos que a cercam ou até mesmo das pessoas que não querem ver o seu sucesso.

E, quando chegar a momentos da carreira em que se sentir cansada demais ou prestes a desistir, lembre-se do que a fez começar.

VOCÊ PRECISARÁ APRENDER A LIDAR COM OS SEUS SENTIMENTOS E INSEGURANÇAS PARA CONSEGUIR CONTINUAR.

FAÇA NETWORKING SEMPRE!

Se tem uma coisa que aprendi com o meu pai foi fazer networking. Ele é um pastor da Igreja Batista, com mais de 35 anos de ministério, e trabalhou no comércio de roupas masculinas por muitos anos.

Sair com meu pai para ir ao shopping em que ele trabalhava é quase impossível, a não ser que se vá com tempo para esperar ele falar com as dezenas de pessoas que vêm sorrindo cumprimentá-lo. Pessoas diferentes dele. Diferentes na crença, na conta bancária, no estilo de vida, no posicionamento político.

SABE QUAL FOI A GRANDE LIÇÃO QUE TIREI DELE TODOS ESSES ANOS? PESSOAS SÃO DIVERSAS, RELEVANTES E IMPORTANTES, INDEPENDENTEMENTE DE QUEM SEJAM. RESPEITE A TODOS, SEJA GENTIL COM TODOS.

Eu me lembro do tempo em que trabalhei em uma das principais agências bancárias de Brasília. A regional do banco ficava no mesmo prédio, e, por se tratar de Brasília, imagine o fluxo de visitas da diretoria e presidência do banco em nossa agência! Conheci vários deles, inclusive ainda tenho contato com alguns e eventualmente esbarrei com eles em outros momentos da minha carreira. Uma coisa que sempre me impressionou foi o fato de determinados profissionais mudarem e se tornarem os seres mais simpáticos e profissionais quando algum desses executivos estava lá.

A minha reflexão é: você acha que as pessoas realmente não percebem quando o seu contato é por interesse? Claro que percebem! Por isso digo: faça networking. Faça networking sempre. E o faça de forma genuína, do presidente ao recepcionista. Do diretor ao cliente. Do sócio ao entregador. Todos são importantes e fundamentais para o seu crescimento.

> **"Faça networking. Faça networking sempre. E o faça de forma genuína."**

NÃO TENHA MEDO DE OUVIR FEEDBACKS

Lide com a sua insegurança e pare de ter medo de ouvir feedbacks. Se você quer crescer e evoluir, vai precisar aprender a ouvir e colocar seu ego guardado no bolso. Sabe qual o profissional que nenhum líder quer no time? O perfil arrogante.

Quando alguém lhe der um feedback, saia da defensiva e avalie se ele realmente procede. Veja de um ponto de vista diferente do seu e, se achar que não é exatamente assim, converse.

O que mais vemos são profissionais que rapidamente se ofendem e impossibilitam qualquer tipo de diálogo, aquele perfil que age como se fosse impossível estar errado, ou ainda impossível haver uma opção melhor do que a sugerida por ele.

Não seja essa pessoa.

AQUELES QUE ENTENDEREM RAPIDAMENTE O QUANTO A TROCA, O APRENDIZADO E O FEEDBACK SÃO VITAIS PARA A EVOLUÇÃO DA PRÓPRIA CARREIRA VÃO VOAR.

ABANDONE AS DESCULPAS VÁLIDAS

"Estou cansada."

"Não tenho tempo."

"Tenho que administrar minha casa."

"Ah, ela consegue porque não tem filhos."

Simplesmente pare de se comparar. A sua história, a sua carreira e as suas escolhas são suas! Lide com elas.

Em segundo lugar, pare de dar desculpas para si mesma. Sabemos que o cansaço e o desgaste existem. Sabemos também que é difícil girar tantos pratos ao mesmo tempo. Então, sim, essas desculpas são válidas. Ainda assim, são desculpas.

Quem quer mesmo, quem quer de verdade, dá um jeito e faz. Poderíamos escrever outro livro só com os milhares de exemplos de pessoas que, apesar de todas as circunstâncias adversas, prosseguiram.

Isso não quer dizer que, em determinados momentos, seja quase impossível manter a energia.

ESTÁ TUDO BEM DAR UMA PAUSA E RESPIRAR. O QUE VOCÊ NÃO PODE FAZER É FICAR PRESA A ESSES MOMENTOS E NUNCA MAIS SAIR DO LUGAR.

SEJA PROATIVO NA SUA VIDA E NA SUA AGENDA

"Eu não tenho tempo!" Já falou isso alguma vez para si mesma?

Então agora faça uma reflexão: será que lhe falta tempo ou lhe falta foco? Será que você efetivamente ocupou todo o seu tempo ou o que falta é estabelecer prioridades?

A sensação que tenho é que essa é uma desculpa coringa. Afinal, sempre vai faltar tempo para algo se ele não for prioridade para você. Portanto, chegou a hora de ser proativa na sua vida e na sua agenda.

Gestão de tempo tem relação direta com estabelecer prioridades, conhecer seus limites e aprender a dizer não. E nem sempre o profissional mais ocupado é o mais produtivo. Cuidado para não ser aquela pessoa que cumpre uma lista de tarefas enorme e, no final do dia, descobre que nada daquilo vai ajudar a chegar aos seus objetivos e metas.

SER FAZEDORA TEM RELAÇÃO DIRETA COM SABER O QUE PRECISA SER FEITO E EXECUTAR COM EXCELÊNCIA.

ENGRAVIDEI.
E AGORA?

Eu escolhi engravidar com 34 anos. E, antes de falar sobre a minha experiência, quero fazer um disclaimer: a mulher será julgada por qualquer decisão que ela tomar! Isso é um fato. Engravide mais jovem, e lhe falarão que você não conseguirá construir sua carreira. Engravide na minha idade, e lhe dirão que você não conseguirá administrar a sua carreira e a sua vida pessoal. Espere mais um pouco ou decida não ter filhos, e lhe dirão que você não tem vida fora do trabalho.

Em resumo, faça as suas escolhas de forma consciente e "deixe que digam, que pensem, que falem".

Agora confesso que, mesmo como empreendedora, a decisão de engravidar veio com um misto de felicidade e insegurança. Por ter um estilo de vida e trabalho extremamente intenso, com viagens, grandes projetos e desafios, o que mais ouvi foi: "Você só faz isso porque não tem filhos. Quando tiver, pode esquecer."

Sabe o que é mais interessante? Eu nunca vi ninguém questionando o meu marido sobre isso.

O fato é que hoje, depois de ter a minha filha, percebo que eu consigo fazer, sim! A minha filha só me empoderou. Quero que ela cresça vendo a mãe dela realizada, feliz e produtiva. Quero que a minha mini-Fazedora saiba que ela tem a liberdade de fazer as próprias escolhas.

Sou mãe, sim. Mas sou também muitas outras coisas incríveis e descobri que não preciso escolher entre elas. É necessário ter organização? Sim. Às vezes fico exausta? Sim. E está tudo bem. Como eu sempre brinco, tudo isso vem no pacote.

Continuo superprodutiva, superengajada com os meus projetos individuais e profissionais, e administrando a minha família e a minha casa. Não deixe a crença limitadora das pessoas a contaminarem.

Como diz Beyoncé, somos inteligentes o suficiente para fazer milhões, forte o suficiente para ter filhos, e então voltar para os negócios.

We run the world!

MINDSET
mindset
FINANCEIRO
financeiro

TODO MUNDO QUER COMER, POUCOS QUEREM PLANTAR

Esse foi o meu aprendizado ao conhecer um projeto superinteres-sante de uma fazedora na comunidade da Babilônia, chamado Favela Orgânica. O projeto da Regina Tchelly é incrível, ensinando as pessoas a comerem melhor e evitarem o desperdício, extraindo todo o proveito dos alimentos, desde as sementes até o talo. Quando ela me explicou um pouco mais sobre o projeto e suas origens, me falou sobre as hortas que plantou na comunidade e que, à medida que elas davam frutos, as pessoas corriam para comer os alimentos, mas se esqueciam de plantar as sementes para dar continuidade à horta.

Essa dificuldade em dar continuidade à horta comunitária me fez pensar na hora em um paralelo na nossa relação com o dinheiro. Hoje a maioria das pessoas quando têm dinheiro na mão pensa logo em como gastá-lo, e poucas são aquelas que pensam em guardar uma parte (plantar as sementes), para continuar tendo-o amanhã.

Pense na sua atitude, Fazedora. Você é daquelas que só pensam em consumir ou que guarda um pouco do dinheiro para amanhã? Responder essa pergunta pode ser o primeiro passo para a sua liberdade financeira.

O QUE OS SEUS PAIS LHE ENSINARAM SOBRE DINHEIRO?

Como seus pais lidavam com o dinheiro?

Eram planejados ou tinham dificuldades para fechar as contas do mês? Tinham o hábito de guardar ou apenas não faziam dívidas? Eram muito consumistas ou mão de vaca?

A forma como nossos pais lidavam com dinheiro e nos estimulavam impacta diretamente a forma como agimos hoje. Se você não consegue guardar dinheiro e vive endividada, a origem pode estar nos estímulos lá de trás. Vamos fazer uma breve reflexão: descreva como era a relação da sua família com o dinheiro.

Como era a relação da sua família com dinheiro?

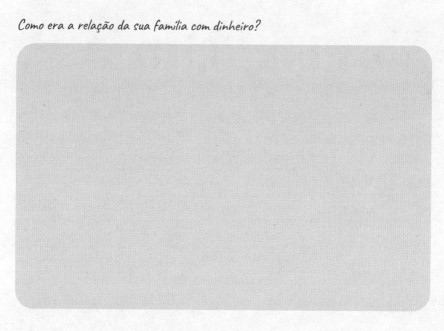

FUJA DA CORRIDA DOS RATOS

Quando criança, eu sonhava fazer 18 anos. Tinha aquela fantasia de que a vida ia mudar, que eu ia ser independente, ter meu carro, meu trabalho, ganhar meu dinheiro, viajar e viver uma vida maravilhosa.

Comecei a estagiar com 17 anos e, assim que fiz 18, tirei a habilitação e comprei meu primeiro carro: um Fiat Uno 1993 com quatro marchas — lembro-me perfeitamente desse dia. Senti-me realizada, agora ninguém ia me segurar! Era a primeira vez que guardava dinheiro para comprar um bem, era o meu primeiro investimento, e junto com o meu sonho, veio a vida de adulta e seus boletos, prestação do carro, seguro, gasolina, manutenção, o que era uma grana, porque meu carro era velho.

E depois desse carro vieram mais outros dois, sempre com a mesma mentalidade: eu trabalho, eu mereço, a prestação cabe no meu orçamento, "*vambora*", sem perceber que estava caindo na corrida dos ratos, correndo naquela rodinha sem sair do lugar. Trabalhando todo dia para pagar boletos de carros que comprei dois, três anos antes. Mas eu pagava com prazer e pensava: "É um investimento!"

Que investimento é esse que eu pagava quase o dobro do valor no financiamento e o carro valia 30% a menos quando eu acabava de pagá-lo?

Valorize o seu dinheiro, Fazedora. Não caia na tentação de antecipar um sonho porque a parcela "cabe no bolso". Dinheiro não leva desaforo. Organize seu orçamento. Faça contas, planeje compras grandes. Isso vai ajudá-la a economizar muito, pagando menos juros.

DINHEIRO É LIBERDADE!

Esta é a minha definição de dinheiro: **LIBERDADE**.

Mais do que todos os bens que você possa comprar, mais do que todo luxo com que você possa viver, mais do que todas as viagens que você possa fazer, a liberdade de escolha que você tem ao ter dinheiro não tem preço.

Liberdade de escolher onde vai viver, com o que vai trabalhar, em que projetos vai se envolver. Quando o dinheiro sai da equação, quando deixa de ser uma necessidade, você tem mais liberdade para fazer o que realmente gosta.

Pense nisso, Fazedora. Que vida teria, com o que trabalharia, se não precisasse mais se preocupar com dinheiro?

O que você faria se dinheiro não fosse um problema?

> Quando o dinheiro sai da equação, quando deixa de ser uma necessidade, você tem mais liberdade para fazer o que realmente gosta.

COMECE PEQUENO, SONHE GRANDE

Este é um dos grandes segredos para acelerar seu plano de independência financeira. Depois de definir seu número mágico — o preço da sua independência financeira —, comece a poupar imediatamente.

"Ah, mas ainda ganho muito pouco..." Comece!

"Ainda estou estudando, ganho bolsa, sou estagiária..." Comece!

Vai demorar muito para conseguir juntar esse dinheiro, então comece!

CONFORME FOR EVOLUINDO PROFISSIONALMENTE E SUA RENDA FOR AUMENTANDO, CONTINUE. MANTENHA SEMPRE O PADRÃO DE VIDA ANTERIOR E POUPE A DIFERENÇA.

Esse é um dos grandes segredos para acelerar seu plano de independência financeira.

NÃO TENHA MEDO DE PAGAR IMPOSTO DE RENDA

Toda vez que uma pessoa me diz que guarda dinheiro na poupança, pergunto por que não faz um investimento melhor, e a resposta é sempre a mesma: "Prefiro até ganhar um pouco menos, mas não ter que pagar IR." Não pense assim, Fazedora. Fuja da poupança!

O IR em investimentos é sobre o lucro, ou seja, para pagar muito de IR significa que você ganhou muito dinheiro. E a mesma máxima se aplica à declaração do IR. Olhe o copo cheio e fique feliz se estiver pagando mais IR este ano do que no ano anterior. Isso significa que você está ganhando mais dinheiro!

O IR EM INVESTIMENTOS É SOBRE O LUCRO, OU SEJA, PARA PAGAR MUITO DE IR SIGNIFICA QUE VOCÊ GANHOU MUITO DINHEIRO.

QUANDO DINHEIRO GERA DINHEIRO

Tenho alguns livros que foram transformadores na minha vida, e uma grande referência financeira que sempre indiquei aos meus amigos é o best-seller *Pai Rico, Pai Pobre*.

Li esse livro pela primeira vez há onze anos e foi quando modifiquei o meu mindset com relação ao dinheiro. O livro é uma verdadeira aula prática de educação financeira. Kiyosaki conta as lições que aprendeu com seu pai, professor universitário que dizia que ele tinha que estudar, se formar e arrumar um bom emprego, mas acabou virando o Pai Pobre, e sobre como o pai de um amigo, com pouca escolaridade, mas com muita determinação e empreendedorismo, construiu um grande patrimônio, se tornando o Pai Rico.

Para mim, o grande aprendizado do livro foi entender que a grande diferença entre os ricos e pobres é que os pobres, conforme melhoram de vida e passam a ganhar mais, compram mais, se endividam mais e, assim, sem fazer nenhuma poupança, vivem na corrida dos ratos, trabalhando para pagar contas. Já o mindset rico gasta menos do que ganha e reinveste o dinheiro comprando ativos que geram renda extra, como investimentos, ações etc., e aumenta o patrimônio fazendo com que o dinheiro trabalhe para a pessoa, e não a pessoa para o dinheiro. O objetivo dos ricos não é ter a casa mais cara e o carro mais bacana, e sim ter independência financeira.

E foi assim que, no auge dos meus 26 anos, sem reserva financeira, eu entendi que toda vez que trocava de carro eu não estava fazendo um investimento, e sim comprando um passivo mais caro, que ia me gerar mais despesa e depreciar a cada ano. Foi nesse momento que a minha vida teve o ponto da virada e eu passei a realmente investir rumo à independência financeira. Agradeço demais ao Kiyosaki pela influência positiva que trouxe à minha vida e à de todos que me cercam.

> **"O mindset rico gasta menos do que ganha e reinveste o dinheiro comprando ativos que geram renda extra."**

TER PARA POUPAR, DOAR E GASTAR

Quero compartilhar com vocês agora uma tradição da minha família: a simpatia da fartura do Dia de Reis. Mais do que a crença mística, a simpatia traz o importante ensinamento de como devemos lidar com o dinheiro.

Perceba a sequência dos verbos:

POUPAR, DOAR E GASTAR.

Para ter uma vida próspera, tão importante quanto poupar para criar uma reserva é doar. A doação, assim como a gratidão, tem poder transformador na nossa vida. Quanto mais se dá, mais se tem. Se você ainda não tem esse hábito, procure um projeto com o qual se identifique e experimente doar dinheiro e tempo a quem precisa, e veja florescer a abundância e a felicidade na sua vida.

Segue a simpatia de fartura e abundância para quem quiser fazer no dia 6 de janeiro:

- Separe três gominhos de romã por pessoa.
- Coloque um na boca e mastigue o fruto preservando o caroço, enquanto repete a oração abaixo em voz alta:
- "Deus te salve, Rei Baltazar, Belchior e Gaspar, pela riqueza que levaste ao menino Jesus. Fazei com que meu dinheiro se multiplique como esta fruta. Para que eu tenha para dar, guardar e gastar."
- Ao término da oração, coloque o caroço em um pequeno retalho de pano branco (pequeno mesmo, do tamanho de uma unha).
- Repita o processo e a oração mais duas vezes, colocando os outros dois caroços na bolsinha de pano branco.
- Lacre a bolsinha com os caroços, costurando ou passando fita adesiva, como for mais fácil.
- Coloque-a no fundo da sua carteira, onde você coloca o seu dinheiro.

GERAÇÃO DE CONSUMISTAS

Abro as redes sociais e vejo anúncios e mais anúncios. Entra estação, sai estação, e lá estamos nós olhando os lançamentos e as tendências.

Comprar, comprar e comprar mais um pouco — um ciclo de consumo inconsciente que não faz bem para a humanidade, para o nosso bolso e também para o nosso espírito.

Não! As compras que você faz não vão ocupar nenhum vazio da sua alma nem provar nada para ninguém. Então, está na hora de repensar os seus hábitos de consumo.

Você quer?

Você precisa?

Você tem dinheiro agora para fazer essa aquisição?

Então tudo bem, essa é uma compra feita de forma consciente. Se for diferente disso, repense.

QUANDO VIVI COM UMA MALA POR TRÊS MESES

Eu já fui muito consumista. Já entrei em dívidas no cartão de crédito simplesmente para comprar mais. Com o passar dos anos, e dos muitos juros pagos, percebi que eu só fazia aquilo para mostrar para outras pessoas que eu podia comprar.

Era uma vaidade. A vaidade de receber o elogio, de saber que estava sendo notada. "Nossa, que forte, Darla." Forte, né? Mas é verdade. Pense bem: quantos vazios tentamos preencher consumindo?

Aos poucos fui me conscientizando e passei a ter uma relação mais saudável comigo mesma e com o universo da moda. Mas a minha mudança total de mindset aconteceu no meio de 2018. Eu e meu marido mudamos novamente de país. O nosso primeiro mês seria em um apartamento temporário e só então poderíamos procurar por um lugar mais definitivo. Isso representava para mim pelo menos duas mudanças em dois meses.

Decidimos despachar tudo no contêiner e reduzir nossa bagagem para uma mala de mão e uma mala média para cada um. A ideia era facilitar a nossa vida e não termos muita coisa para transportar de um apartamento para outro. Tive que reduzir tudo para caber nessas duas malas. Foi complicado. Todo o meu material de trabalho, livros, roupas. Eu precisava montar um kit de sobrevivência para três meses, e foi isso que eu fiz. Na mala de mão, material de trabalho. Na mala média, roupas.

Acreditem, as malas não estavam lotadas. Não compramos nenhuma roupa em três meses. E foi mais do que suficiente. Vivi três meses com pouquíssima roupa. No começo achei péssimo, queria

MINDSETFINANCEIRO 139

ter possibilidades para escolher, contudo, depois de duas semanas, descobri o alívio de viver com o necessário.

Entenda bem, não é viver com pouco. É viver com o necessário.

Eu não precisava de mais do que tinha ali. E a vida ficou mais rápida, mais ágil. Eu não perdia mais tempo pensando nas mil possibilidades de roupa para o próximo dia. Menos roupa para escolher, menos roupa para lavar, menos roupa para passar.

Depois que a minha mudança chegou, fiz o exercício do desapego, consciente de que eu precisava de muito menos do que tinha. Resultado? Oito caixas de roupa foram enviadas para doação.

Hoje tenho algo em torno de 10% do que tinha de roupas, sei o que tenho para usar, uso todas as peças e sei exatamente o que preciso comprar.

> **Entenda bem, não é viver com pouco. É viver com o necessário.**

VAMOS FALAR SOBRE VALOR E PREÇO?

Já pensou como as pessoas gastam R$200,00 em roupas sem problema nenhum, mas pensam mil vezes antes de gastar R$200,00 em uma livraria?

O problema aqui não é o montante de dinheiro, não é o preço, afinal, R$200,00 são R$200,00 na livraria ou na loja de roupas. O problema é o valor que você dá para cada uma dessas coisas.

Claro que essa máxima não é verdadeira para todas as pessoas, mas tenho certeza de que você já pensou assim alguma vez ou tem alguém bem perto de você que tem essa mentalidade.

Aprenda a dar valor ao que realmente tem valor. Colecione momentos e não coisas. Invista em coisas ou atividades que realmente vão lhe trazer retorno no longo prazo.

É claro que gastamos com supérfluos — e, cá entre nós, eles são ótimos. Mas estabeleça prioridades. Não invista somente em coisas para sua aparência externa, invista também no seu conhecimento, no seu equilíbrio emocional e na sua saúde mental. Invista na sua qualidade de vida e nos seus sonhos.

Lembre-se: o dinheiro precisa ser um instrumento para proporcionar uma vida de qualidade. Não se transforme em escrava dele.

Chegou a hora de parar de trabalhar para pagar boletos. Chegou a hora de uma nova mentalidade financeira.

ESQUEÇA O SALÁRIO. FOQUE O PATRIMÔNIO LÍQUIDO

A forma de o brasileiro lidar com o dinheiro é muito interessante. Focamos muito o salário, quanto vamos ganhar por mês. Parece que saímos da escola e da universidade formatados neste mindset: procurar um trabalho que pague bem. Com a popularização do empreendedorismo, da atitude empreendedora nos dias atuais, nossa mentalidade começa a ser remodelada. Mas ainda vejo muitos amigos com esse mindset.

O mercado financeiro foi o responsável por essa mudança no meu foco e na minha atitude com relação à remuneração e salários. Como muito do mercado se baseia na cultura norte-americana, lá eles têm por hábito olhar a remuneração anual, e não o salário mensal. É o chamado *total cash*, a soma de tudo que é ganho no ano, salário, bônus, comissões etc. Então, quando a pessoa vai fazer uma proposta de emprego, ela dá uma média de quanto costuma ser o *total cash* daquele cargo, e se ele vai ser melhor ou pior só depende de você, pois o salário é fixo, mas comissões e bônus dependem da performance. E foi assim que aprendi que melhor que o salário era o potencial que a empresa ou o negócio com que eu ia trabalhar tinha de me remunerar no ano. Esqueci o salário e passei a focar o *total cash*.

Depois de aprender esse importante conceito, ao ler os livros *Pai Rico, Pai Pobre*, de Robert Kiyosaki, e *Os Segredos da Mente Milionária*, de T. Harv Eker, minha mente financeira se expandiu para mais um importante aprendizado. As pessoas de mentalidade rica não focam o salário; elas focam o patrimônio líquido. Tão ou mais importante do que quanto elas vão ganhar é quanto elas aumentam seus patrimônios.

A verdadeira medida de riqueza sempre foi o patrimônio, e não os rendimentos. E aqui desconstruí mais uma teoria que ouvi por muitas vezes: a de que, para ficar rica, eu precisava trabalhar muito e ganhar mais. Para ser verdadeiramente rica, mais do que ganhar mais, eu preciso poupar mais! Até porque muitas vezes quando as pessoas começam a ganhar mais, elas elevam o padrão de vida e passam a gastar mais.

Então, Fazedoras, se vocês querem transformar o mindset financeiro de vocês, não se distraiam: tenham foco no prêmio final. Quando receberem uma proposta de trabalho, analisem mais do que apenas o salário maior que no cargo ou emprego anterior. Analisem as oportunidades e o potencial ganho total anual de cada proposta. Olhem o pacote completo, o potencial de *total cash*.

E quando for medir a sua evolução financeira, não olhe apenas quanto seu salário aumentou de um ano para outro; preocupe-se, sim, com o quanto o seu patrimônio evoluiu de um ano para outro. Uma excelente oportunidade para fazer esse acompanhamento é quando fazemos nossa declaração de imposto de renda anual. Adoro esse momento! Hora de acompanhar no detalhe a evolução da minha renda e a evolução do meu patrimônio de um ano para o outro.

"Para ser verdadeiramente rica, mais do que ganhar mais, eu preciso poupar mais!"

O QUE APRENDI COM OS MEUS 42 PARES DE TÊNIS

Minha primeira formação foi em Educação Física e, antes de trabalhar no mercado financeiro, era coordenadora de uma academia, onde aparecia cada dia com um tênis diferente para trabalhar. Um belo dia, um aluno elogiou o tênis que eu estava usando e falou: "Poxa, Carol, muito lindo seu tênis. Fico sempre admirando, cada dia você vem com um mais maneiro, não te vejo repetir... quantos tênis você tem?" Naquele momento, pensei: "Tenho muitos mesmo, gosto muito de tênis, mas não tenho a menor noção..." Então o aluno me sugeriu reunir todos os tênis e tirar uma foto para registrar quantos eu tinha.

Eis que, quando chego em casa e resolvo fazer isso, tomo um baita susto e me deparo com a insana realidade: EU TINHA 42 PARES DE TÊNIS! Eu, que só tenho dois pés, tinha gastado dinheiro com 42 pares de tênis! Enfim, esse choque de realidade serviu para eu decidir não comprar mais nenhum par pelos próximos anos, no mínimo. Mas calma que a história não acabou...

Um pouco mais de um ano depois desse episódio, troquei a Educação Física para trabalhar no mercado financeiro e, sendo assim, não usava mais tênis para trabalhar. Logo, meus 42 pares ficaram lá no armário sendo usados esporadicamente. Com a nova carreira, tive contato com a educação financeira, e aí a situação ficou pior ainda, pois comecei a fazer a conta de quanto tinha gastado naquela coleção que agora habitava o meu armário.

Eu só gostava de comprar os lançamentos *top* de cada marca, logo eram tênis caros, alguns de R$500, R$600. Assumindo que na média eu tinha gastado R$300 com cada um, simplesmente chego à absurda cifra de R$12.600,00! DOZE MIL E SEISCENTOS REAIS EM TÊNIS!

Como tudo ainda pode piorar, agora chega o ápice da história: quando gastei R$12 mil em tênis, eu tinha um carro de R$17 mil, do qual eu tinha financiado R$10 mil. Ou seja, paguei juros do financiamento enquanto tinha poder de poupança para ter comprado o carro à vista. E agora todo esse dinheiro estava desintegrando, literalmente, no meu armário, porque, como eu quase não usava mais os tênis, eles começaram a ressacar, descolar sola etc. Enfim, não comprei tênis desse tipo por muiiiiitos anos, fui usando um a um até acabarem.

Aprendi na dor uma das maiores lições do mercado:

QUEM ENTENDE DE JUROS RECEBE, QUEM NÃO ENTENDE PAGA!

> **"Quem entende de juros recebe, quem não entende paga!"**

QUANTO CUSTA A FALTA DE EDUCAÇÃO FINANCEIRA

Você já parou para pensar sobre o preço alto que pagamos pela falta de educação financeira?

A falta de educação financeira pode custar uma oportunidade, seu relacionamento, sua paz, sua felicidade, seus sonhos e até a sua liberdade.

Pois é, Fazedoras, poucas pessoas param para pensar nisso e passam os dias deixando a vida levar...

A falta de conhecimento faz com que as pessoas tenham um mindset de pobreza, levem uma vida com medo, sem autoestima, frustradas e pessimistas. Gera aquele vitimismo de acreditar que nada dá certo, que nasceu para ser pobre, que só os ricos ficam ricos, que não temos nem o direito de sonhar.

A falta de conhecimento paralisa as pessoas. Vivemos hoje uma corrida incessante para trabalhar mais porque sempre precisamos ganhar mais dinheiro. Cada vez mais pessoas estão presas em trabalhos que odeiam, vendendo sua vida e seu tempo porque precisam pagar dívidas que poderiam ter evitado. E assim viveremos até o último dia de nossas vidas se não aprendermos como o dinheiro pode nos ajudar, em vez de escravizar.

A primeira coisa que você precisa entender é que o dinheiro não é ruim, não faz mal, não escolhe a quem ele quer fazer o bem. Ele é apenas um pedaço de papel. E, em vez de ter raiva dele e de culpá-lo por tudo que não tem dado certo na sua vida, você apenas precisa conhecê-lo melhor, entender como ele funciona, como pode ajudá-la a realizar seus sonhos. É hora de fazer as pazes entre você e o seu bolso.

É hora de mudar a sua história!

> **" A falta de educação financeira pode custar uma oportunidade, seu relacionamento, sua paz, sua felicidade, seus sonhos e até a sua liberdade. "**

NINGUÉM ME ENSINOU NA ESCOLA

Na infância eu fui uma aluna estudiosa, inteligente, uma verdadeira nerd. Até hoje guardo com carinho as minhas medalhas de 1º lugar da turma do primário. Meus avós me ensinaram a importância de estudar, me formar, conseguir um bom emprego, e assim, eu estaria feita na vida. Muito engraçado hoje olhar para trás e me lembrar disso.

Lembro que, aos 15 anos de idade, eu superestimava como seria a minha vida e tudo que eu já teria conquistado até os 25. Então, quando cheguei aos 25 anos, não tinha nada daquilo que idealizara. Eu vivia ainda na casa dos meus pais, não tinha nenhuma reserva financeira, apenas meu carro, e começava uma nova carreira. Já trabalhava há oito anos, desde os 17, e o único patrimônio que consegui juntar durante todo esse período foi um carro popular.

Hoje, doze anos depois, olho para trás e fico impressionada com o quanto a minha vida mudou — de uma menina que não tinha um real guardado para uma mulher com liberdade financeira para escolher o que quer fazer da vida pelas próximas décadas! E o que mudou aqui, qual foi o ponto da virada? Educação financeira.

Sim, Fazedoras, o que transformou minha vida foi entender o jogo do dinheiro, a importância de desenvolver o meu QI financeiro, fazer melhores escolhas e fazer os juros compostos trabalharem a favor do meu futuro. Na escola, desenvolvi o meu QI intelectual ou acadêmico, e ele não foi, como meus avós pensavam, a chave do meu sucesso. O QI financeiro é que foi fundamental para essa mudança.

Aprendi aos 25 anos o que eu nunca ouvi em quinze anos de escola e quatro de faculdade. Toda essa transformação foi iniciada pela leitura do livro *Pai Rico, Pai Pobre*, que mudou a minha perspectiva sobre um assunto que nunca me ensinaram: como cuidar do meu dinheiro. Por isso, hoje sou a maior defensora da educação financeira para os jovens. Como minha vida teria sido diferente se eu tivesse conhecido Robert Kiyosaki dez anos antes...

> " Na escola, desenvolvi o meu QI intelectual ou acadêmico, e ele não foi, como meus avós pensavam, a chave do meu sucesso. O QI financeiro é que foi fundamental para essa mudança. "

O QUE FAÇO COM O MEU DINHEIRO?

Como planejadora financeira, essa é a pergunta que mais escuto dos meus clientes, familiares e amigos. Como trabalho no mercado financeiro e aumentei substancialmente o meu patrimônio ao longo dos anos, a maioria faz essa pergunta achando que eu vou ter uma dica quente, uma resposta infalível que vai fazer com que eles ganhem dinheiro rápido e fácil. Acredito que os frustrei muitas vezes com a minha resposta de um planejamento de longo prazo. Mas é assim que foram construídas todas as grandes fortunas do mundo, com investimentos de quinze, vinte, quarenta anos. Veja o exemplo de Warren Buffett, o maior investidor do mundo, que compra ações por no mínimo dez anos. Ele, mais do que ninguém, sabe quanto o tempo e os juros jogam a nosso favor.

Mas a provocação que quero trazer para vocês é que o dinheiro é um jogo de longo prazo e ele não leva desaforo. Como já disse, esse é um conhecimento que não aprendemos na escola, mas é essencial para a vida de todos. Por mais que você prefira delegar a gestão de seus investimentos a profissionais, é fundamental ter um conhecimento básico sobre finanças, para que possa tomar melhores decisões.

Nós, mulheres, muitas vezes somos rotuladas como gastadoras, consumistas, aquelas que amam ir ao shopping comprar. Mas já perceberam como cada vez mais somos as responsáveis por cuidar das compras e do orçamento da casa? Por que será? Porque conseguimos esticar o dinheiro da família; temos uma percepção inata da diferença entre preço e valor. Isso sem falar que muitas mulheres hoje são as principais ou únicas provedoras da família. Por isso precisamos e muito saber como lidar com o nosso dinheiro.

Eu me lembro da cena de uma novela a que assisti, quando uma das vilãs, que não sabia lidar com o dinheiro que roubou da mãe, foi receber conselhos do outro vilão, interessado em roubar todo o dinheiro dela. A primeira coisa que ele disse já a deixou cega: "Vou te fazer ganhar muito, muito dinheiro!"

Se alguém algum dia lhe prometer ganhos extraordinários e rápidos, corra, porque é furada! Invista em você e no seu conhecimento financeiro para não cair em ciladas e faça sempre as melhores escolhas.

"Por mais que você prefira delegar a gestão de seus investimentos a profissionais, é fundamental ter um conhecimento básico sobre finanças, para que possa tomar melhores decisões."

PARE DE VENDER O SEU TEMPO

Uma vez assisti ao Flávio Augusto falando que somos todos vendedores. Que mesmo quem não trabalha em uma atividade comercial, se trabalha para alguém, vende o seu tempo em troca de um salário. Fiquei impactada graças a essa frase, nunca tinha pensado por esse ponto de vista.

Realmente hoje, se pensarmos, o tempo é o ativo mais valioso que temos. Sempre estamos falando da falta de tempo para ver os amigos, dar um passeio, ficar com a família. Estamos sempre muito ocupadas e aprendemos que tem até um certo status dizer que vive ocupada. "Preciso parecer ocupada, caso contrário vão achar que sou uma molenga preguiçosa, malsucedida..."

FAZEDORAS, MUITA ATENÇÃO AQUI: O TEMPO NÃO VOLTA!

A nossa geração é uma geração que aprendeu que podemos e devemos ser independentes, fortes, bem-sucedidas, conquistar o mundo! Olha a diva Beyoncé aqui novamente: *Who run the world? Girls!* Concordo em absoluto, sempre fui uma das workaholics a puxar esse bonde. Mas uma coisa que a maturidade e aprender com as experiências dos outros têm me trazido é a importância de ter equilíbrio e viver o hoje!

De nada adianta trabalhar igual uma louca, não ter vida, para afogar as frustrações enchendo o armário de bolsas e sapatos. De que adianta ser para os outros a amiga "rica e bem-sucedida" que nunca está presente nem tem tempo de encontrar as amigas? A vida é uma só e ela passa muito rápido! Se formos viver a vida que os outros escolheram para nós, ou a que parece ser melhor nas redes sociais, quando vamos de fato viver as nossas vidas? Deixar para depois pode não nos dar tempo...

Tenho acompanhado muitos casos de pessoas que tiveram a atitude de "deixar para depois" e se frustraram. Assim como na adolescência temos uma visão dourada da nossa vida adulta, acredito que na vida profissional temos uma visão cravejada de diamantes da aposentadoria. Vejo muito estes dois casos:

1 Aquela mulher que sempre trabalhou muito e, por isso, acredita que merece se dar alguns mimos, afinal trabalha muito. Quando chega ao momento da aposentadoria, se frustra porque descobre que a renda que vai receber não é suficiente para manter o seu padrão de vida, então não pode parar de trabalhar.

2 Aquela mulher superplanejada, esforçada, que pensa muito no futuro, por isso trabalha e poupa incansavelmente para curtir a tão sonhada aposentadoria. E aí, quando esse momento tão sonhado chega, não tem saúde para aproveitar como gostaria.

QUANTAS MULHERES ASSIM VOCÊ CONHECE? QUAL VOCÊ TEM MAIS MEDO DE SE TORNAR?

Eu particularmente tenho medo de me tornar as duas. E pensar assim pode parecer fácil: escolho ser o meio do caminho, nem tão perdulária nem tão planejada. Será? Fácil pensar, difícil executar. E a maioria das pessoas, quando acha alguma coisa difícil, faz o quê? Deixa para lá. Deixa ao acaso. Seja o que Deus quiser!

A semente que quero plantar hoje em vocês, Fazedoras, é que ter uma reserva financeira nos faz ganhar tempo para viver o hoje, para ter qualidade de vida. Se você tem uma reserva, tem tranquilidade para escolher fazer um trabalho do qual você gosta, talvez mais próximo de casa ou com menor carga horária. Isso tira de você o peso de ter que vender o seu tempo, lhe dá poder de escolha e a faz viver hoje, intercalando com o trabalho, momentos de felicidade e lazer, ou, como o Tim Ferriss chama, "miniaposentadorias".

Não delegue o seu destino para o futuro ou para a previdência social. Comprometa-se hoje a ter uma vida com mais qualidade, prosperidade e felicidade.

PARE DE VENDER O SEU TEMPO!

METAS DE CURTO PRAZO PARA RESULTADOS DE LONGO PRAZO

É sempre muito difícil manter o foco em objetivos de longo prazo. Quanto mais distantes, mais impossíveis parecem. E também se temos bastante tempo, fica muito fácil adiá-los. Deixa para amanhã, deixa para amanhã e não começa nunca. Eu, que sou a rainha da procrastinação em algumas coisas na minha vida, busco alternativas para aproximar essas metas dividindo-as em etapas, que aceleram meu ritmo e motivação.

Há alguns anos, tenho um caderninho no qual anoto os meus objetivos pessoais, profissionais e financeiros dos próximos cinco anos. Mas em vez de pensar só lá na frente, eu divido esses objetivos de trás para a frente até o Ano 1, pois assim eu sei o que preciso fazer hoje e este ano para seguir no ritmo que realizará meu sonho daqui a cinco anos. Imagina: em vez de alcançar uma grande conquista só daqui a cinco anos, vou conquistando e celebrando várias vitórias menores no caminho. Isso me deixa mais motivada e mais forte para a jornada.

E essa experiência vale para todos os campos da vida. Lembro quando corri pela primeira vez uma meia maratona, 21km. Os primeiros 3km foram alucinantes. Eu só conseguia pensar no tamanho do trajeto: "Que loucura, falta muita coisa... será que vou conseguir?" Eu ainda estava no Leblon e a minha cabeça só pensava: "Ainda tenho que ir lá no Centro e voltar!" Pânico total. Mas consegui acalmar minha mente seguindo a estratégia do meu trei-

MINDSETFINANCEIRO **169**

nador de blocos. "Vamos correr os próximos 2,5km e aproveitar a paisagem, porque o dia está lindo!" E assim eu fui e conquistei mais essa etapa.

Metas de curto prazo são sensacionais, porque lhe permitem ajustar rapidamente o percurso se necessário e acelerar rumo ao objetivo! Por isso, quando for colocar suas metas financeiras no papel, não as deixe só lá na independência financeira ou na ainda distante aposentadoria. Aproxime esses sonhos, dividindo-os em conquistas mais curtas ao longo do caminho. Você verá como essas metas mais próximas e factíveis vão enchê-la de gás e determinação. Foi assim que alcancei antes do planejado a minha liberdade financeira.

Projeto
Meu Sonho Grande

Escreva o seu SONHO GRANDE financeiro, profissional e pessoal no Ano 5 de cada categoria. Depois disso, desmembre os objetivos que você deve cumprir nos próximos anos para alcançar o seu SONHO GRANDE.

Financeiro	Profissional	Pessoal
Ano 5	Ano 5	Ano 5
Ano 4	Ano 4	Ano 4
Ano 3	Ano 3	Ano 3
Ano 2	Ano 2	Ano 2
Ano 1	Ano 1	Ano 1

Geração de Fazedoras

SOBRE DINHEIRO E FELICIDADE

O que você busca quando pensa em dinheiro? Segurança, liberdade, tranquilidade, conforto, poder, status? Faça essa pergunta a si mesma de forma bem sincera e reflita sobre a resposta.

> Observe que sempre depois de cada *ter* vem um *ser*. Colocamos o objetivo de *ter* alguma coisa, para *ser* ou *sentir* alguma emoção que vem junto com aquela conquista material.
>
> - Eu quero ter a minha casa (segurança).
> - Eu quero ter uma casa melhor (conforto).
> - Eu quero poder dar à minha família uma vida melhor (conforto/segurança/realização).
> - Eu quero poder viajar e conhecer o mundo (liberdade).
> - Eu quero ter independência financeira (liberdade).
> - Eu quero poder trabalhar com o que realmente amo (liberdade/independência/felicidade).

A maioria das pessoas associa ter dinheiro a ser feliz. Parece que, se não tiverem aquela conquista material, nunca viverão com felicidade. Mas, se fosse assim, não teríamos tantas pessoas ricas e bem-sucedidas sofrendo de depressão e infelizes, não é verdade?

Não espere ter dinheiro para ser feliz — isso é uma falácia! Nós estamos sempre procurando por um próximo estágio, uma nova conquista. Vivemos nos enganando, achando que "Quando eu tiver um carro, vou ser feliz"; "Quando eu me mudar para uma casa maior, vou ser feliz"; "Quando eu for promovida e ganhar mais, vou ser feliz". E, quando conquistamos o objetivo, nós o celebramos por cinco segundos e já partimos para o próximo. Viver nesse círculo vicioso, no piloto automático, só vai gerar mais angústia e estresse em uma corrida que nunca tem fim.

Por isso, Fazedora, viva o hoje, aproveite o hoje, celebre e seja grata sempre por tudo o que conquistou e viveu até aqui. Não deixe para amanhã nem delegue a sua felicidade. Escolha ser feliz. *Carpe diem*.

> **"Não espere ter dinheiro para ser feliz — isso é uma falácia!"**

VOCÊ BUSCA SEGURANÇA OU ABUNDÂNCIA?

Fomos criadas com um mindset de escassez e medo, que associa o dinheiro principalmente ao sentimento de segurança. Pode perguntar à maioria das pessoas ao seu redor se o sentimento que elas buscam no dinheiro não é primeiro segurança, e depois, se não for querer demais, algum conforto. Exatamente: o sonho grande e ousado é algum conforto. Não é abundância, fartura, riqueza...

Aprendemos que é feio querer ter muito dinheiro. É sujo. É ganância. Que é assim desde que o mundo é mundo. Que, para alguém ter muito, outros ficam com pouco. Que, para você ganhar, alguém tem que perder. Escassez, escassez, escassez. Se você tiver o suficiente para ter um teto e pagar suas contas já está de bom tamanho.

Não, Fazedoras, não está. Você não precisa se contentar com o bom se pode viver o ótimo! A criação de riqueza no mundo não é limitada. Você não precisa perder para outra ganhar. Limitada é a mentalidade de quem pensa assim. No mundo nascem oportunidades todos os dias. Nós não precisamos brigar pela mesma fatia do bolo; podemos trabalhar juntas para fazê-lo crescer. Vivemos uma era de abundância, de multiplicação, de ganha-ganha. A vida pode ser muito melhor do que você imaginou. E não é pecado nenhum desejar isso.

Uma coisa que aprendi lá atrás com Jorge Paulo Lemann é que "Sonhar grande ou pequeno dá o mesmo trabalho". Por isso, sempre escolhi mirar na lua! Se eu posso ter e usufruir o melhor da vida, por que vou me limitar?

Não deixe essas crenças limitantes que as pessoas têm sobre o dinheiro limitarem os seus sonhos e as suas decisões. A segurança é só o primeiro estágio da sua vida financeira. Por que correr, se a gente pode pegar um foguete e ir até a Lua?

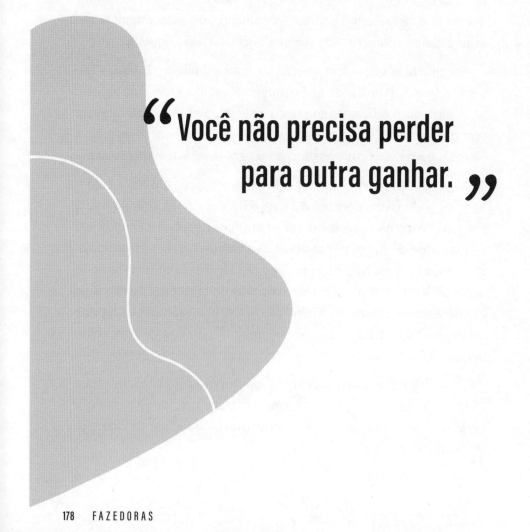

"Você não precisa perder para outra ganhar."

REPROGRAMANDO O SEU MINDSET FINANCEIRO

Se você perguntar às pessoas se elas desejam ser ricas, com certeza onze entre dez vão levantar a mão e dizer: "Eu quero muito, com certeza. Esse é o meu sonho!" Mas disposta e realmente comprometida a pagar o preço para ser rica mesmo só será uma entre dez — arrisco dizer que será ela quem terá levantado as duas mãos!

Como tudo na vida, não basta querer, tem que se COMPROMETER!

ENTENDA QUE COMPROMETIMENTO É TER UMA DEDICAÇÃO ILIMITADA, FAZER O QUE TEM QUE SER FEITO, FAZER O IMPOSSÍVEL PARA CONQUISTAR O INIMAGINÁVEL!

Uma grande inspiração para mim nesse quesito são os atletas de alta performance, principalmente os recordistas olímpicos. A Olimpíada é um sonho que os grandes recordistas têm desde criança. São anos de preparação, repetições, resiliência, comprometimento e uma crença inabalável de que é possível chegar lá. De que é possível se consagrar campeão. De que é possível quebrar recordes. As grandes lendas trabalham duro e se privam por anos ou décadas, para, às vezes em uma prova de segundos, viver seu momento de glória.

Um dos maiores exemplos para mim, Michael Phelps, em sua autobiografia *No Limits*, conta sua obstinada trajetória para ser campeão olímpico, desde que se comprometeu com esse sonho escrevendo em um pedaço de papel quando tinha 11 anos. Para conquistar seu primeiro ouro olímpico em 2004, Phelps conta que treinou 365 dias por 6 anos só com o foco nessa prova. E tanta dedicação e comprometimento por mais de 20 anos de piscina fizeram com que ele se tornasse o melhor de todos os tempos, dono de 28 medalhas e 37 recordes mundiais.

Querer ser campeão olímpico, muitos colegas dele quiseram. Agora, quantos estavam dispostos a esse nível de entrega e dedicação?

E é justamente essa limitação, o quanto estão dispostas a fazer, o quanto aceitam arriscar e o quanto permitem sacrificar, que separa as pessoas que dizem querer ser ricas das que realmente se tornam.

Fazedoras, não fiquem só no campo dos sonhos. Não adianta só desejar e jogar para o universo. Tenha atitude, se comprometa com você mesma a ter uma vida milionária!

"Querer ser campeão olímpico, muitos colegas dele quiseram. Agora, quantos estavam dispostos a esse nível de entrega e dedicação?"

QUANDO NEM A MEGA DA VIRADA SALVA

Fazedoras, vocês gostam de jogar na loteria? Acreditam que pode fazer vocês mudarem de vida?

Eu superacredito na loteria, até porque já conheci alguns ganhadores. Não sou de jogar sempre, gosto de jogar especialmente quando o prêmio ultrapassa os R$15 milhões. Afinal, sonhar grande e sonhar pequeno dá o mesmo trabalho... para que vou gastar minha sorte com coisa pequena, não é mesmo? Se ganhar na Mega hoje, eu já tenho tudo planejado. Os investimentos que vou fazer, como vou trabalhar a minha fortuna. Acredito que saberei administrar e multiplicar esse dinheiro pelo resto da vida. Mas lá nos meus 20 e poucos, eu ia queimar isso em 5 segundos...

O que mudou de lá para cá? Ganhei maturidade, responsabilidade? Acredito que sim, mas a razão não é essa. Aumentei meu QI financeiro. Pois é, Fazedoras. Uma coisa que aprendi ao longo desses anos aconselhando investidores é que ter muito dinheiro não muda quem você é. Ele potencializa quem você realmente é. Se você é uma pessoa generosa, que gosta de ajudar as demais, com muito dinheiro você se tornará Madre Teresa. Se você é muito econômica, com muito dinheiro você será o Tio Patinhas. Se é gastadeira, vai gastar tudo e ainda ficar devendo.

Pois é, ganhar grandes somas de dinheiro não é a garantia de um futuro tranquilo e próspero. Tanto isso é verdade que vemos muitos jogadores de futebol que ganharam rios de dinheiro na miséria depois do fim da carreira. O mesmo acontece com vários artistas, herdeiros de grandes fortunas e, obviamente, ganhadores da Mega-Sena. Afinal, todo esse dinheiro não vem com manual de instruções.

A dica que quero deixar aqui é: invista em você e no seu conhecimento financeiro. Só desenvolvendo uma mentalidade verdadeiramente rica é que você alcançará riqueza e prosperidade por toda vida. Senão, nem ganhar sozinha na Mega da Virada ajuda...

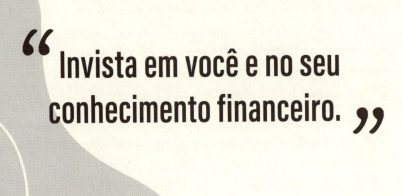

"Invista em você e no seu conhecimento financeiro."

NUNCA ESTABELEÇA UM TETO PARA OS SEUS RENDIMENTOS

Fui atleta, professora e trabalhei mais de sete anos da minha vida recebendo a famosa remuneração que quem é professora conhece: hora-aula. Conforme ia me especializando e crescendo na profissão, aumentava o valor da hora que recebia por aula. Logo, se eu quisesse ganhar mais dinheiro, era só trabalhar mais horas. Literalmente uma vendedora de tempo, presa em um círculo vicioso.

Quando fui para o mercado financeiro, participei de uma turma de formação de um grande banco para atuar no mercado de seguros. Chegava o primeiro desafio para a minha mentalidade financeira ainda iniciante. "Você vai receber por comissão, não tem salário." Eu agora não tinha mais renda garantida, mas também não tinha mais teto do quanto eu podia ganhar. Eu ganharia por produtividade. E foi assim, quando pulei sem ter mais a rede de segurança, que pude ganhar o que sempre sonhei!

O que eu aprendi naquele primeiro ano, eu levei para a minha vida. Quem tem fome de vitória e um porquê muito grande enfrenta qualquer "como". Depois, ao longo dos anos, incorporei na minha vida a remuneração por resultados, e foi a melhor coisa que me aconteceu.

Lendo e estudando a vida dos grandes bilionários, sempre vamos encontrar esse traço em comum. As pessoas com mentalidade rica escolhem ser remuneradas pelo resultado que produzem. Não olham para baixo com medo por não ter a rede de segurança. Pelo contrário, elas olham para cima e aproveitam a oportunidade de não ter teto e poderem se alavancar.

Há muitas formas de ser remunerada por resultados: receber comissão, participação nos lucros, receber bônus em ações da empresa ou ser a dona do seu próprio negócio etc. Pense nisso hoje, Fazedora, em como abrir mão dessa "garantia" e ter uma remuneração variável pode levá-la a lugares muito maiores — maiores do que você ousou sonhar!

QUEM TEM FOME DE VITÓRIA E UM PORQUÊ MUITO GRANDE ENFRENTA QUALQUER "COMO".

FINANÇAS
finanças
PESSOAIS
pessoais

QUAL O SEU PREÇO?

Você já parou para pensar qual o seu preço?

Quanto custa a sua independência financeira? Essa é uma conta simples que nos ajuda a ter referência de um número a perseguir.

Faça a si mesma a seguinte pergunta: quanto dinheiro tenho que ter para ganhar só com os rendimentos o mesmo que ganho trabalhando 44 horas semanais?

Esse é o seu número mágico!
Esse é o valor que você precisa para ter liberdade financeira.

PAGUE-SE PRIMEIRO

Esta é uma regra de ouro, preste muita atenção aqui!

Assim como pagamos nosso cartão, nosso aluguel, nossa faculdade, "se pagar" tem que ser uma despesa fixa no seu orçamento. Todos os meses, assim que receber seu salário ou sua comissão, separe 10% para investir.

Não importa a quantia que você ganhe, guarde sempre, e deixe o tempo e a magia dos juros trabalharem para você.

NÃO IMPORTA A QUANTIA QUE VOCÊ GANHE, GUARDE SEMPRE.

O ENVELOPE DO VOVÔ

Meu avô era uma pessoa organizada com as finanças. Não fazia dívidas, mas também não tinha reservas. Quando recebia a aposentadoria, ele pegava todo o dinheiro e o colocava em um envelope no bolso do paletó no armário. Com esse dinheiro, pagava logo todas as despesas fixas de casa, separava o dinheiro das compras e, assim, sabia logo naquele mês o quanto teria para extras.

Quando fiz minha transição de carreira aos 25 anos e precisei reorganizar minhas finanças, coloquei esse ensinamento em prática. Parei de comprar no cartão, que me estimulava mais ao consumo e dificultava o acompanhamento, e passei a dividir meu dinheiro em envelopes: contas de casa; combustível; alimentação; lazer etc.

Assim eu tinha um orçamento mensal dividido por classes que eu acompanhava semanalmente, redistribuindo caso tivesse alguma sobra ou precisasse de capital extra. Foi perfeito para esse momento em que eu precisava de mais controle.

ESTÁ GASTANDO DEMAIS? DEIXE O CARTÃO EM CASA E PAGUE COM DINHEIRO.

Esta parece uma dica boba, mas tem um efeito instantâneo. Pense na sua vida antes e depois do cartão de crédito: com certeza você gasta muito mais depois dele, certo?

O cartão de crédito tem muitos benefícios, programa de milhas, vantagens, nos permite adquirir bens mais caros facilitando o parcelamento etc. Eu sempre tive um bom controle sobre o meu cartão, nunca fiquei altamente endividada ou pagando o mínimo. Mas, sempre que percebo que estou gastando demais, deixo o cartão em casa e procuro comprar tudo em dinheiro ou só usar o débito.

Por quê? Porque quando pagamos em prestações perdemos um pouco o controle de quanto é o total acumulado da fatura. São cinco vezes aqui, doze vezes ali, parcelinhas pequenas para nem sentir... só que ninguém fica doze meses sem comprar mais nada. Então aquelas parcelinhas tranquilas que cabem no bolso vão se juntando a dezenas de outras ao longo dos meses, e quando vemos: BUM! Estouramos o limite e a nossa capacidade de pagar a fatura.

Então, a primeira solução já vem sugerida na fatura: podemos pagar o mínimo ou parcelar a dívida. Pronto, resolvido! Ufa! NADA DISSO! Se antes você já não conseguia pagar, imagine agora, com juros e mais a prestação da fatura parcelada.

Quando pagamos em dinheiro, fica mais fácil controlar e ajustar os gastos, pois quando acabou, acabou. Não tem jeitinho. Agora é segurar a onda e esperar o mês que vem.

EXERCÍCIO DO DESAPEGO E A REGRA DOS SEIS MESES

Está na hora de colocar a mão na massa e se libertar de tudo que você não está usando.

Aqui em casa, tenho a regra dos seis meses: está no meu guarda-roupa e não usei em seis meses? Tchau! "Ah, Darla. Não consigo. Muito radical."

> Quero lhe propor um exercício. Separe todas as peças que você não está usando e faça três pilhas:
>
> - As que estiverem em bom estado, doe ou venda (essa é uma ótima forma de incrementar a sua renda).
> - As que estiverem em mau estado, jogue fora. Meias sem o par, roupa íntima velha, peças rasgadas, jogue tudo fora. Você não vai usá-las e só estão ocupando espaço.
> - As que estiverem com algum problema, arrume. Troque os botões, zíper, faça a barra das roupas, leve os sapatos para arrumar.

São dicas simples, mas esse é o primeiro passo para uma mudança de mentalidade. Isso tem relação direta com se conhecer, entender mesmo quem é você hoje, quais roupas a representam e expressam quem você é.

Sugiro fazer isso um dia em que estiver bem tranquila. Coloque uma música boa, pegue uma taça de vinho e experimente novamente as roupas se achar necessário. Divirta-se durante o primeiro passo de uma nova era de consumo para você.

VAI COMPRAR ROUPAS?

FAÇA UMA LISTA

Terminado o exercício do desapego, é hora de dar uma boa olhada em tudo que restou no guarda-roupas.

PENSE EM COMBINAÇÕES DIFERENTES, NOVAS FORMAS DE USAR O QUE VOCÊ TEM, AFINAL, A ROUPA FOI FEITA PARA SER USADA DIVERSAS VEZES.

Nesse momento, você vai ter uma real percepção do que falta. Seria um blazer para o trabalho, uma bolsa para sair no fim de semana? Não importa. Faça a sua lista de necessidades. Olhe para o que você tem e veja quais novas peças combinariam com as peças atuais.

Dessa forma, quando tiver recurso disponível, vai saber exatamente qual a ordem de prioridade. E o mais importante: não vai comprar coisas de que efetivamente não precisa. Isso vai fazê-la gastar menos e ter uma relação muito mais consciente com o que você usa.

COMEÇANDO UM PLANO

Quando está começando, você tem que dividir o dinheiro que pode guardar em três caixas ou potes. Errou quem pensou que eu ia falar em reserva de curto, médio e longo prazo, pois, para fazer isso, o plano já tem que estar em um estágio mais avançado. Você tem que fazer a reserva para emergência, para investir em conhecimento e para gastar. Sim, para gastar!

A primeira tem o objetivo de ser a sua primeira "poupança", uma reserva financeira para deixá-la tranquila, pois assim, se alguma adversidade ou emergência acontecer, você tem dinheiro para resolvê-la. Essa reserva não é para gastar comprando uma roupa nova ou com a viagem que surgiu de última hora. É para você não mexer em hipótese alguma, a não ser que seja um caso de real emergência. Você vai continuar guardando dinheiro aqui até alcançar o mínimo de seis meses do seu salário guardado. Quando você chegar lá, aí sim pode começar a investir pensando em médio e longo prazo.

Já a reserva para investir em conhecimento é para você se qualificar profissionalmente, a fim de que possa continuar evoluindo na sua carreira e, consequentemente, aumentando a sua renda. É para gastar na sua formação, com cursos, palestras, comprar livros, se desenvolver. Para investir em você! Diferente da reserva de emergência, aqui você vai juntando e gastando, juntando e gastando. Sempre que atingir o valor, paga um curso e volta a juntar para o próximo. Uma observação importante é que esse ciclo nunca acaba. Devemos investir continuamente no nosso conhecimento para seguirmos alçando voos cada vez mais altos e não ficarmos obsoletas.

FINANÇAS PESSOAIS 205

Dou muita importância ao hábito de investir no meu conhecimento, sempre fui muito bem recompensada por isso. Ao final de cada curso, certificação, MBA que fiz, o dinheiro investido retornou rapidamente com o aumento de salário ou promoção que recebi. Meninas, isto ninguém tira de vocês: CONHECIMENTO!

Já a terceira e última reserva é a mais diferente de todas: é uma reserva para gastar todo mês. Isso aí, guardar dinheiro, se privar de consumir hoje para realizar sonhos futuros é um exercício muito difícil. Muitas pessoas não conseguem dar continuidade justamente por causa do excesso de privações. Da mesma forma que acontece com dietas muito radicais, você consegue se privar por um tempo sem comer nada, mas daqui a pouco abandona e come o dobro do que comia antes. Mas quando a dieta é mais flexível, lhe permitindo se premiar com uma refeição livre no final de semana, por exemplo, fica mais fácil de se adaptar ao novo hábito e a mantém motivada a manter a disciplina nos outros dias. Aqui é a mesma dinâmica — separar uma cota, um valor por mês que você vai gastar com o que você quiser, até o último centavo! Mas é claro que essa quantia tem que ser limitada para não prejudicar seus planos de poupança. Sugiro que ela seja no máximo a metade do que conseguiu guardar naquele mês. Se guardar 10% do seu salário para emergência, gaste no máximo 5% do seu salário com esse "cupom livre".

"Separe uma cota, um valor por mês que você vai gastar com o que você quiser."

POSSO COMEÇAR A POUPAR SÓ AMANHÃ?

Você já começou a investir na sua aposentadoria? Ou está no grupo que diz "Primeiro tenho que pagar minhas contas, depois eu penso nisso"?

Já ouviu falar na importância de ter uma reserva financeira, no poder dos juros compostos trabalhando a seu favor e que, quanto mais cedo começar a investir, melhor? Mas já ouviu alguém falar para começar a investir só amanhã? Eu também nunca tinha ouvido uma coisa dessas até bem pouco tempo e, por isso, quero compartilhar com vocês esse mindset tão inovador do professor Shlomo Benartzi, da UCLA.

Esse professor de finanças comportamentais fez um estudo junto com o professor Richard Thaler, da Universidade de Chicago, para ajudar os trabalhadores a pouparem mais para a aposentadoria. Benartzi observou que na grande massa trabalhadora norte-americana poucos poupavam para aposentadoria, apenas cerca de um terço tinha planos de previdência. Alguns poderiam ter o benefício dos planos de previdência privada nas empresas em que trabalhavam, que debitariam automaticamente de seus contracheques, mas nem assim poupavam.

> Dentre a amostra desse estudo (cem norte-americanos):
>
> - Um em cada dez estava economizando o suficiente.
>
> - Nove em cada dez não podiam economizar o suficiente para o plano de aposentadoria, decidiram não economizar (ou simplesmente não decidiram nada) ou economizavam muito pouco.
>
> - Cerca de 0,5% dos norte-americanos sentiam que economizavam muito.

Para remediar isso, eles criaram o programa Economize Mais Amanhã, como teste em uma empresa do Meio Oeste, cujos operários viviam em dificuldades financeiras e diziam que não podiam poupar. Para eles, poupar imediatamente não era opção. Portanto, os professores fizeram um plano com adesão automática, para evitar a inércia e a procrastinação, a fim de que esses funcionários poupassem 3% a mais toda vez que tivessem um aumento de salário. Sendo assim, eles não teriam que reduzir custos para começar a poupar. Sempre que a remuneração aumentasse, poupariam uma parte do aumento e gastariam o que sobrasse.

O resultado desse estudo foi superbem-sucedido. Após quatro aumentos de salário e 3,5 anos depois, o funcionários que iniciaram poupando com dificuldade 3% dos seus salários todo mês estavam poupando quase 14% de seus salários. Esse programa hoje é aplicado em diversas empresas nos EUA, na Austrália e na Inglaterra, e vem ajudando a transformar o mindset financeiro e a vida de muitas pessoas.

O INSIGHT QUE QUERO LHE TRAZER É QUE, SE VOCÊ NÃO CONSEGUE POUPAR HOJE, COMECE A POUPAR AMANHÃ.

Ao em vez de já começar a comprar pensando no dissídio ou aumento de salário que vem no mês que vem, comece guardando uma parte dele. Se o dissídio é de 6%, se programe para guardar a metade para o futuro. Mantendo essa regra por pouco mais de três anos, você já terá criado o hábito e espaço no seu orçamento para destinar um pouco mais que 10% todo mês para a sua reserva de aposentadoria.

Não deixe esse planejamento para a Previdência Social. A regra de aposentadoria já mudou inúmeras vezes só nos últimos trinta anos. Confira se a sua empresa lhe oferece o benefício de um fundo de pensão ou procure junto ao seu banco ou seguradora um plano de previdência complementar.

TRABALHE POR ATIVOS

Esta eu aprendi também com Robert Kiyosaki. Como ele conta no livro *Pai Rico, Pai Pobre*, seu pai o ensinou a trabalhar por segurança no trabalho e uma renda mensal. Já o pai de seu amigo, o Pai Rico, o ensinou a trabalhar por ativos e geração de fluxo de caixa. Renda ou ativos, o que é melhor?

Assim como ele, minha formação familiar e acadêmica foi sempre focada na renda:

ESTUDAR > TRABALHAR > RENDA
CONTINUAR ESTUDANDO > SER PROMOVIDA > MAIS RENDA

Até aí, nada de errado, essa é a fórmula que tem funcionado pra mim até hoje. Quanto mais me especializo, mais invisto em mim, mais eu cresço e mais eu ganho. Porém, o que Kiyosaki me ensinou foi a importância de trabalharmos por ativos e gerarmos renda passiva. Como aumentar a renda que independe do meu trabalho? Este é o grande segredo do sucesso financeiro: trabalhar para comprar coisas que gerem mais renda!

Lembro que, quando eu trabalhava na seguradora, um colega que trabalhava comigo já tinha essa visão financeira empreendedora. Ele trabalhava com o objetivo de comprar autonomias de táxi para alugar e receber uma renda extra sem trabalhar. Na época que tivemos essa conversa, ele tinha acabado de comprar a quarta autonomia. Olha que interessante! Ele trabalhava, economizava e comprava uma autonomia, a alugava para um taxista que lhe pagava uma diária (renda passiva), que ele juntava para comprar outra autonomia. Era o dinheiro gerando mais dinheiro para ele.

Ele não trabalhava com o foco em aumentar o próprio salário, ou seja, a renda que recebia em função do seu trabalho. Ele trabalhava com o foco em aumentar a quantidade de autonomias (ativos) dele, para assim gerar cada vez mais renda sem precisar trabalhar. Era a estratégia de fluxo de caixa dele para se aposentar jovem. Tudo bem que depois, com a chegada dos aplicativos de transporte, o preço desses ativos desvalorizou bastante, mas aí já é outro tema — a importância de diversificar seus investimentos.

Fazedoras, quero lhes trazer esta reflexão: vocês trabalham por RENDA ou por ATIVOS? E o que vocês podem fazer para começar a mudar essa realidade a partir de agora?

> "Este é o grande segredo do sucesso financeiro: trabalhar para comprar coisas que gerem mais renda!"

AUMENTE SUAS FONTES DE RENDA

Esta é mais uma dica que costumo dar quando as pessoas me contam que as suas contas não fecham ou que gostariam de juntar dinheiro, mas não conseguem: aumente suas fontes de renda! Sim, enxugar as contas e reduzir os gastos são fundamentais para que você tenha uma vida financeira mais saudável. Porém, se já enxugou o orçamento de todas as formas e não tem mais o que cortar, a única solução é aumentar a sua renda.

Tive esse exemplo logo pequena dentro de casa e lembro bem. Quando minha mãe se casou novamente, no início dos anos 1990, a inflação estava alta e a vida, difícil de se levar. Fico pensando que se eu fosse adulta na época viveria em pânico, vendo o dinheiro perder valor todos os dias. Naquela ocasião, minha mãe, funcionária federal concursada, já tinha apertado o orçamento como podia para construir uma casa para deixar de morar com os pais dela. Já estava no segundo casamento, com uma filha pequena, e queria ter o próprio espaço e independência. O que ela fez? Pegou um mostruário de brincos, pulseiras e anéis de prata em consignação e foi vender no hospital onde trabalhava, para as colegas e amigas. E a coisa foi dando tão certo, que minha mãe pegou também roupas em uma confecção para vender. E assim ela conseguiu juntar dinheiro suficiente para conquistar mais rápido a tão sonhada casa — e independência!

Vocês perceberam a grande lição que aprendi aqui? Minha mãe era fisioterapeuta, não trabalhava com vendas. Não tinha um hobby ou dom especial que pudesse utilizar para ganhar mais dinheiro. Ela apenas buscou a forma mais barata e prática de aumentar sua renda e conquistar seu sonho. Ela começou com o que tinha, ou seja, nada além da cara de pau para oferecer e vender. Ela não esperou ter dinheiro para começar um negócio; ela pegou o mostruário em consignação. Ela não esperou ter tempo para começar um negócio; aproveitou o fato de conhecer e se relacionar com pessoas todos os dias para lhes oferecer seus produtos.

Todas temos como aumentar nossa fonte de renda, seja fazendo horas extras, vendendo ou distribuindo produtos. O que precisamos é de vontade e determinação para começar com o que temos! Meu grande exemplo dos últimos tempos é a Fábrica de Bolo Vó Alzira, que após os 60 anos começou a fazer bolos por encomenda para os amigos, como uma renda extra, se transformou em uma loja e, depois, em uma rede de franquias com loja até em Boca Raton, na Flórida! Aquelas gratas surpresas em que uma ideia para renda extra se tornou o negócio da vida!

"O que precisamos é de vontade e determinação para começar com o que temos!"

CONTANDO O SEU DINHEIRO EM ANOS

A grande dúvida que a maioria das pessoas tem é: "Quanto preciso ter de dinheiro para ficar tranquila?" Eu divido a riqueza em três estágios:

SEGURANÇA > LIBERDADE > INDEPENDÊNCIA

A primeira coisa com que você tem que se preocupar é a sua segurança financeira. As pessoas costumam sempre associar dinheiro à segurança e liberdade. A relação humana com o dinheiro é puramente emocional. Mais do que os bens materiais, queremos sentir a emoção que ter esses bens nos proporciona. Ter segurança financeira é saber que se acontecer qualquer contratempo ou adversidade e eu ficar sem trabalhar, tenho dinheiro suficiente para cobrir um ano da minha renda. Então você pensa: "Um ano de renda, moleza! Não é tão impossível assim!"

Realmente não é, Fazedoras. Porém, segundo pesquisa do SPC Serasa, mais de 65% dos brasileiros não têm nenhuma reserva financeira. Se pensar em um ano de salário então, esse número piora drasticamente. Perguntem ao seu círculo de amigas e parentes próximas se alguém possui um ano de salário guardado. Garanto que vocês vão se chocar com as respostas.

Depois de alcançar a segurança, você já está mais segura e tranquila para seguir a sua jornada rumo à *liberdade financeira*. Conquistar a liberdade significa ter dez anos de renda guardados. Ou seja, se escolher deixar de trabalhar agora, tem dinheiro para manter o mesmo padrão de vida por mais de uma década. Imagina isso?! Para mim, uma sagitariana que ama a liberdade de ir e vir, não tinha nada que me deixasse mais motivada na vida!

Mas atenção: aqui o desafio é ainda maior, e a trajetória, mais longa e desafiadora. Ter um objetivo e um propósito muito bem definidos vão ajudá-la toda vez que você quiser desistir. Não tenha dúvidas de que a persistência e todas as escolhas que você tem que fazer serão plenamente recompensadas com essa sensação de liberdade!

E, por último, a tão sonhada *independência financeira*. Sim, ela que é o objetivo de onze entre dez pessoas com quem converso todos os dias! A independência é o Santo Graal pelo qual as pessoas trabalham — ter dinheiro suficiente para não precisar trabalhar pelo resto da vida. É difícil ter uma fórmula perfeita para esse número, mas hoje o meu número de referência são quarenta anos de renda guardados. Ter quarenta anos de renda guardados rendendo 3% ao ano acima da inflação lhe permitirá ter patrimônio suficiente para resgates infinitos no mesmo padrão de vida.

É claro que existem pontos para acompanhamento aqui. O nosso volume de despesas costuma aumentar ao longo da vida, as taxas de juros e a inflação também oscilam, mas esse número é uma boa referência e um alvo ambicioso para vocês perseguirem na vida.

"Quanto preciso ter de dinheiro para ficar tranquila?"

POUPAR É DIFERENTE DE INVESTIR

O dinheiro parece ter um idioma próprio. É uma sopa de letrinhas, termos e códigos, muitas vezes em inglês, que acabam afastando as pessoas. Por achar que é algo muito difícil e complexo, as pessoas acabam deixando para lá, e, quando sobra um dinheirinho, elas o colocam onde? Na caderneta de poupança.

O Brasil é o único lugar no mundo em que as pessoas ainda concentram tanto dinheiro na poupança. Isso acontece por vários fatores. Primeiro a simplicidade da poupança, pois você pode depositar qualquer valor, a qualquer momento, e retirá-lo com a mesma facilidade. Outro fator, que é a justificativa da maior parte dos aplicadores, é que ela não gera cobrança de imposto de renda; e ainda não tem oscilações, sobe pouco, mas sempre permite sacar mais do que foi depositado, entre outros. Mas sem dúvidas os principais fatores de favoritismo são a simplicidade e sensação de segurança que os brasileiros desenvolveram em relação a ela ao longo dos anos.

Se você hoje tem o seu dinheiro na poupança ou no colchão, você é uma poupadora. E gastar menos do que ganha (poupar) é o primeiro passo para começar a investir. Para se tornar investidora, precisa fazer investimentos. Lembra o que já falamos aqui: o grande segredo da riqueza é guardar uma parte do seu dinheiro para que você possa multiplicá-lo ao longo do tempo (com investimentos), fazendo com que os juros trabalhem a seu favor. A poupança hoje só corrige o valor do dinheiro — muitas vezes nem isso, e você o perde com a inflação. Afinal, o dinheiro perde valor ao longo do tempo.

Para ser investidora, você tem que buscar investimentos que lhe proporcionem ganho real acima da inflação. Só assim estará cuidando bem do seu dinheiro e construindo um patrimônio sólido para o futuro.

Pense nisso, Fazedora. O que vale no fim do dia é saber quanto foi o retorno dos seus investimentos acima da inflação (IPCA — Índice de Preços ao Consumidor Amplo). Se hoje você já tem dinheiro guardado, mas ele ainda perde valor ou só corrige a inflação, você ainda se encontra no primeiro estágio da educação financeira. Ainda é uma poupadora, não uma investidora.

"Se você hoje tem o seu dinheiro na poupança ou no colchão, você é uma poupadora. E gastar menos do que ganha (poupar) é o primeiro passo para começar a investir."

COMPRE SEMPRE NA PROMOÇÃO

Eis um tema que nós, mulheres, conhecemos muito e adoramos: as promoções! Sabe a felicidade de chegar ao shopping e encontrar aquele vestido lindo 50% mais barato? E a raiva de ver isso quando você o comprou a preço cheio uma semana atrás? Quem nunca viveu essas duas situações? Eu já as vivi inúmeras vezes! Uma coisa que me matava sempre: presente de Natal ou roupa para o Réveillon — você vai à loja e compra pelo preço cheio; duas semanas depois, está pela metade do preço. Que raiva!

Hoje a minha estratégia para tentar acertar um pouco mais que errar é ir ao shopping com o propósito de comprar logo no início da liquidação. E se vou a passeio quando tem coleção nova, já verifico as peças do meu interesse e dou um alerta para os meus vendedores favoritos em cada loja, aviso que me interessei por determinadas peças e que, quando entrarem na liquidação, podem me mandar mensagem. Só compro uma peça nova a preço cheio se me apaixonar muito ou estiver de fato precisando, ou acreditar que ela não vai durar no estoque até a liquidação.

Na hora de investir, a mentalidade é a mesma: se algo está mais barato do que vale, é hora de encher várias sacolas; quando está mais caro do que realmente vale, você deve acompanhar, mas ainda não é a hora de colocar no carrinho. Falar é fácil, mas executar é difícil. A grande maioria das pessoas, na hora de investir, quer sempre colocar seu dinheiro no investimento que mais se valorizou no ano. Ninguém quer investir na hora que o mercado desaba. Todo mundo quer resgatar logo o dinheiro e sair correndo.

A economia comportamental, em vários estudos, comprovou que a dor do sentimento de perda nos impacta mais que o dobro da alegria do sentimento de ganho. Observem — eu mesma, no início do texto, recordei a minha experiência e a sensação de perda no Natal e Réveillon, comprando algo que se tornou mais barato depois; não lembrei a alegria da maior promoção que vivi na vida, em uma viagem, comprando no dia seguinte ao Natal com todas as lojas do outlet com 50% de desconto!

Então, Fazedoras, a dica que fica aqui é: toda vez que forem escolher no que investir o dinheiro de vocês, não escolham um investimento só porque ele foi o campeão dos últimos tempos. Procurem entender o quanto ele vale de verdade e quais são as expectativas reais de continuar valorizando. Como diz o meu grande guru e maior investidor do mundo, Warren Buffett: "Tenha medo quando os outros estão gananciosos e ganância quando os outros estão temerosos."

Não comprem um investimento quando ele está o dobro do preço. Façam a festa na liquidação!

> **"Não comprem um investimento quando ele está o dobro do preço. Façam a festa na liquidação!"**

FOQUE O SEU COMPORTAMENTO, NÃO O MERCADO

Todo dia quando assistimos ao jornal à noite, o apresentador fala: "A bolsa de valores subiu tanto... O dólar subiu, sendo cotado hoje em tantos reais..." E, com isso, as pessoas ficam felizes ou preocupadas, dependendo de como variaram seus investimentos.

Muitas vezes quando inicio uma reunião, os clientes perguntam: "Como está o mercado hoje?" Essa pergunta é tão frequente que resolvi deixar essas cotações salvas no mostrador do meu relógio. Mas por incrível que pareça, apesar de trabalhar no mercado financeiro, eu não sou uma pessoa agoniada que fica acompanhando o mercado minuto a minuto, roendo as unhas com suas oscilações. Afinal, uma coisa que aprendi é que temos que focar o que podemos controlar, e não o que está fora do nosso controle. Portanto, eu foco o meu comportamento e sigo a minha estratégia.

Quando os planos são de curto prazo, doze ou dezoito meses, as oscilações do mercado não me atrapalham, pois aplico o dinheiro em investimentos conservadores e disponíveis, pois logo vou usá--lo. E quanto aos meus objetivos mais longos, minha reserva para o futuro, as oscilações também não me incomodam, pois sei que posso aproveitá-las a meu favor.

Uma coisa fundamental para você se tornar uma investidora melhor é o autoconhecimento. Conheça o seu comportamento, como reage a oscilações, o que a preocupa e a deixa desconfortável. A maioria das pessoas, quando pensa em investimentos, pensa em ganhar muito dinheiro, mas não entende os riscos e o seu nível de conforto com eles. Certa vez chegaram a me falar: "Eu aceito risco, mas não aceito perda." Oi?! Realmente esse não se conhecia.

Então, a dica para planejar a sua estratégia de investimentos se resume a uma autoavaliação:

1 De quanto eu preciso para realizar meu objetivo?

2 Quando eu pretendo realizá-lo?

3 Quanto eu posso poupar por mês?

4 Quanto eu preciso de rendimentos para realizá-lo nesse prazo?

5 Estou confortável com o nível de risco a que terei que me expor?

Caso a resposta à pergunta 5 seja "não", reavalie seu plano e se pode estender o prazo ou poupar mais. O importante é ter os investimentos adequados aos seus objetivos e perfil de risco. De resto, deixe as oscilações trabalharem a seu favor.

" O importante é ter os investimentos adequados aos seus objetivos e perfil de risco. De resto, deixe as oscilações trabalharem a seu favor. **"**

DIRIGIR DE OLHO NO RETROVISOR VAI SER ACIDENTE NA CERTA

Fazedoras, vocês dirigem olhando pelo retrovisor? Não, né?! Só olham na hora de manobrar o carro, estacionar. No mais, sempre olhamos para a frente, para o para-brisa. Mas no mundo dos investimentos, no qual as emoções muitas vezes tomam conta e fazemos o contrário da razão, as pessoas decidem a rota do dinheiro de olho no retrovisor. Escolhem investimentos para aplicar seu dinheiro com base em rendimentos passados, e não na expectativa do que eles possam render no futuro.

No Brasil, temos seis classes de investimentos:

- Juros pós-fixados: o famoso CDI.

- Juros prefixados: antes de aplicar, já sei quanto será minha remuneração anual.

- Juros atrelados à inflação: títulos nos quais combino uma remuneração de juros prefixados + inflação por ano.

- Multimercados: fundos de investimento que aplicam fazendo um mix de todas as classes.

- Câmbio: aplicações atreladas ao dólar.

- Bolsa: aplicação em ações, cujo o índice principal de referência é o Ibovespa.

Se você olhar o histórico de dez, vinte anos dessas classes de ativos, vai observar que elas estão sempre se alternando entre as primeiras e as últimas posições. Inclusive muitas vezes o primeiro colocado de um ano acaba se tornando um dos últimos no ano seguinte. Não existe investimento que seja melhor ou pior, existe momento, ou, como falamos no mercado, "tendência". A tendência nada mais é do que uma expectativa e projeção para o futuro com base nos dados econômicos. Por exemplo, no passado, no Brasil, tínhamos as taxas de juros mais altas do mundo, logo aplicar em CDI (juros pós-fixado) sempre foi um bom negócio. Hoje nos encontramos no patamar mais baixo de juros da nossa história, então aplicar só em CDI não é mais tão interessante.

Portanto, Fazedoras, nos investimentos, temos que agir como na vida: guiar a nossa rota com o olhar no para-brisa — buscando as tendências e oportunidades futuras de multiplicar o nosso dinheiro.

"Nos investimentos, temos que agir como na vida: guiar a nossa rota com o olhar no para-brisa — buscando as tendências e oportunidades futuras de multiplicar o nosso dinheiro."

FINANÇAS SÃO PESSOAIS

Hoje, na era da informação, o que não faltam são gurus, de todos os assuntos: emagrecimento, relacionamento e, principalmente, finanças. É uma chuva de informações, dicas quentes, receitas de bolo e planos mirabolantes. Eles lembram até o Cascão e o Cebolinha querendo roubar o coelho da Mônica. Planos superinfalíveis, que nunca dão certo... Mas por que, ao seguir essas "fórmulas de sucesso" financeiras, não conseguimos o mesmo resultado? Porque, como já diz o nome, as finanças são *pessoais*. Não tem como você ter o mesmo resultado, porque aquela pessoa não é você!

"Mas vocês mesmas falam da importância que dão à leitura e de aprender com pessoas que já vivenciaram, para cometer menos erros. Devo descartar todas as recomendações?"

Fazedoras, leiam muito! Tenham várias referências, assistam a vídeos e ouçam podcasts, se alimentem com bastante informação. Tem muita gente boa e com excelente conteúdo! Agora, é para replicar tudo ao pé da letra? Claro que não! Reúna todo o conteúdo, filtre o que acredita que faz sentido para você e adapte-o à sua realidade. É isso que devemos sempre fazer nesse mundo com abundância de informações.

O nosso propósito aqui no *Fazedoras* é trazer exemplos práticos das nossas vivências, não para que vocês as repitam ao pé da letra, mas para que tenham conteúdo e repertório para originar novas ideias aplicáveis a vida de vocês. Cada ser é único. Cada uma tem a própria trajetória. Nós duas, as autoras, temos trajetórias superdiferentes, que se cruzaram em certo ponto da vida. Por isso, não existe receita pronta. Não é porque um investimento foi excelente para a sua amiga que será para você.

Um exemplo supercomum no nosso mundo, que me vem à mente agora: dieta. Você encontra aquela amiga que emagreceu, linda e poderosa, e pergunta: "Amiga, você está tão magra, tão linda!" Ela responde: "Fui a uma nutricionista ótima! Quer o contato? Ou melhor, te passo a minha dieta!" Você vai toda feliz, tira foto da dieta e começa na semana seguinte. Um mês depois, se frustra por não ter tido o mesmo resultado. Quem já fez isso? Eu já fiz algumas vezes... É óbvio que eu não tive o mesmo resultado, porque ela não sou eu! A nutricionista prescreveu a dieta para ela, não para mim.

Planejar nosso futuro financeiro é um assunto pessoal, que merece um plano sob medida! Então, antes de tomar decisões importantes envolvendo o seu dinheiro, busque ajuda profissional, que elabore um plano específico para os seus objetivos.

"Mas vocês mesmas falam da importância que dão à leitura e de aprender com pessoas que já vivenciaram, para cometer menos erros. Devo descartar todas as recomendações?"

UMA INVESTIDORA BEM-INFORMADA É UMA INVESTIDORA MUITO MAIS RICA

Alimente a sua mente com uma dieta saudável de informações. Quando falo em se informar, não quero dizer que você precisa ler todos os jornais e revistas especializados em investimentos. Pelo contrário, muitas vezes eles são sensacionalistas e nos colocam cegas em momentos de euforia e desesperadas com o apocalipse anunciado para amanhã. Eu mesma fui contaminada há alguns anos, fiquei apavorada por um mês com medo de novo confisco no Brasil, o que só me fazia pensar em estocar ouro e dólar. Ainda bem que os amigos e a família me fizeram recobrar a razão. Como já falamos aqui, é fácil falar e difícil executar. Mas, no jogo do dinheiro, as decisões têm que ser tomadas pela razão, com o mínimo de contágio da emoção.

A informação de que falo aqui vem dos grandes mestres do dinheiro, de investidores profissionais ou institucionais, gestores de investimentos. Temos alguns grandes investidores profissionais no Brasil, o mais famoso de todos é o Luis Stuhlberger, que há mais de vinte anos faz a gestão de um portfólio de sucesso — o famoso Fundo Verde.

A mentalidade do Luis e de outros grandes profissionais foi registrada no livro *Fora da Curva*, que acredito ser uma leitura fundamental para todas aquelas que têm interesse em se aprofundar no mundo dos investimentos. Além do livro, todas as grandes casas de investimentos (chamadas de *Assets*) divulgam mensalmente em seus sites a carta do gestor, com expectativas e projeções; este é outro conteúdo bem interessante para você reunir vários pontos de vista.

E por falar em carta do gestor, o que dizer sobre ler as perspectivas e projeções do maior investidor do século, Warren Buffett? A carta anual aos acionistas da Berkshire Hathaway também fica disponível e acessível a todos no site da empresa. Estudar só o Warren e o seu mindset já é de um aprendizado inestimável. Livros como a sua biografia, *A Bola de Neve*; *O Jeito Warren Buffett de Investir*; *O Tao de Warren Buffett* são verdadeiras aulas de investimentos simplesmente com o melhor professor de finanças. Ler também a bíblia *O Investidor Inteligente*, escrita pelo professor do mestre, Benjamim Graham, é lição obrigatória. Outros grandes investidores que recomendo: George Soros, Peter Lynch, Ray Dalio — todos grandes profissionais de mercado que têm biografias e livros riquíssimos sobre investimentos.

Então, quando quiser se aprofundar no mundo dos investimentos, aprenda com os melhores. Tire um tempo, abra um livro e terá uma aula com esses professores. Afinal, "investir em conhecimento rende sempre os melhores juros".

" No jogo do dinheiro, as decisões têm que ser tomadas pela razão, com o mínimo de contágio da emoção. "

O PODER DOS JUROS COMPOSTOS

Esta é uma lição que eu gostaria de ter recebido lá no início da minha vida profissional. Sempre que tenho a oportunidade de plantar essa semente em um jovem, um filho ou uma irmã de uma amiga, faço, porque, quanto antes todos a aprenderem, melhor!

Os juros compostos têm um poder avassalador nos nossos investimentos. São como uma vitamina com o poder de multiplicar infinitamente o nosso dinheiro.

Estas são as lições que eu quero deixar para vocês e espero que multipliquem para todos os jovens que conhecem hoje:

1 Quanto mais cedo você começar, menos dinheiro precisa colocar. Deixe os juros trabalharem a seu favor.

2 Não precisa de muito, comece separando 10% da sua renda.

3 Essa reserva é para o seu futuro, não a gaste com outras coisas, como carro, casa, viagem. Pense como o dinheiro para comprar a sua liberdade financeira. Eu, por exemplo, poderia ter guardado esses 10%, que eram muito menos que a parcela do carro, e ter os dois patrimônios.

4 As pessoas procuram a bolsa quando está subindo, pensando em ganhos rápidos, e fogem dela quando cai. Não pense assim. Não existem atalhos! Invista na bolsa, como hoje estão as maiores fortunas do mundo, pensando em prazos maiores que dez anos. Não há lugar melhor para multiplicar patrimônio no longo prazo. E não se trata de cassino ou aposta. Investir na bolsa no longo prazo não é arriscado. Arriscado é ficar fora dela!

COMO DEIXAR DE INVESTIR NO FIM DA FESTA

Há pessoas que têm medo de investir porque se acham azaradas. É isso mesmo: basta fazerem algum investimento que o mercado desaba! E depois que perdem dinheiro, chateadas com o mal desempenho, elas o resgatam, e o investimento volta a subir. Participam do pior momento e saem antes da recuperação, ou seja, fazem o contrário do que deveriam fazer: compram na alta e vendem na baixa. Conhece alguém que já passou por isso? Já aconteceu com você? Pois é, essa sensação de chegar no fim da festa é mais comum do que você pensa e afeta a maioria dos investidores.

Isso acontece primeiro porque é muito difícil comprar algo que está desvalorizando. A emoção cega a nossa razão, e parece que somos tolas por fazer o contrário de todo mundo. O nosso medo de perder é muito maior que a nossa vontade de ganhar — vários estudos da economia comportamental demonstram isso —, fora o nosso medo de ficar de fora da "boa do momento". É o que chamam de FOMO (*fear of missing out*, ou medo de ficar de fora). Imagine que, em uma conversa com sua amiga, ela lhe conta que fez um investimento incrível, que não para de subir, que permitiu a ela fazer um upgrade nas próximas férias. Você vai querer ficar de fora dessa oportunidade única? Duvido.

Por isso, nos investimentos, devemos seguir uma estratégia definida para afastar ao máximo a emoção. E o rebalanceamento de portfólio é uma das melhores que conheço para fazer isso.

O plano aqui é simples. Primeiro você faz o dever de casa: define os seus objetivos; o prazo em que pretende realizá-los; e o quanto de risco você suporta correr. Depois, define antecipadamente qual percentual da sua carteira você vai colocar em investimentos mais voláteis, como ações, e quanto precisa investir em títulos mais conservadores, como renda fixa. Monte a estratégia perfeita e confortável *para você* e siga o plano!

Digamos que você definiu que o portfólio que a deixa confortável é investir 15% em ações e 85% em investimentos mais conservadores. Se o mercado disparar, as suas ações vão se valorizar; assim, a parte dos seus investimentos em ações vai ultrapassar os 15% que você predefiniu.

Supondo que, com a valorização, seus investimentos em ações agora representem 25% do seu portfólio versus os atuais 75% em renda fixa, chegou a hora de fazer o rebalanceamento. Resgate essa valorização das ações na alta e aplique o lucro na renda fixa, voltando ao equilíbrio original do portfólio de 15% e 85%. E se o contrário acontece e o mercado desaba, e os seus investimentos em ações caem quase pela metade para 7%? Você aproveita a promoção e resgata dinheiro da renda fixa para COMPRAR AÇÕES NA BAIXA, rebalanceando o seu portfólio novamente para os originais 15% versus 85%.

Com o rebalanceamento, você deixa de chegar no fim da festa, compra barato e vende com lucro, como deve ser com qualquer negócio, tratando seu dinheiro como merece. No jogo do dinheiro não vence quem tem sorte, vence quem tem e segue a melhor estratégia!

"No jogo do dinheiro não vence quem tem sorte, vence quem tem e segue a melhor estratégia!"

O MELHOR MOMENTO PARA INVESTIR É AGORA

"Vou começar a fazer um pé de meia no ano que vem."

"Estou esperando sair a minha promoção para começar a guardar dinheiro."

"Agora estou apertada, mas assim que as contas diminuírem vou começar a guardar."

"Eu já estabeleci esse objetivo, sei que preciso guardar. Só não tenho dinheiro para juntar ainda."

"Vou esperar o mercado melhorar um pouco para começar. Com essa crise, agora não é o melhor momento."

Muitas são as desculpas para começar a investir, não é mesmo? Quantas dessas frases você já pensou ou falou em algum momento?

Lembrei-me agora de uma ocasião em que insisti bastante para uma amiga começar seus investimentos. Ela tinha ido assistir a uma palestra minha sobre planejamento financeiro para mulheres e saiu de lá superanimada para começar. Abriu uma conta comigo, mandei o boleto para ela começar o investimento e nada. Boleto vencia, eu mandava outro, e ela não pagava. Eu insisti porque, mais do que alguém trabalhando no mercado e vivendo a transformação que aquele conhecimento provocou na minha vida, também queria inspirar minhas amigas a mudar. E sei que o mais difícil nos investimentos é começar. Então ela, chateada com a minha insistência, respondeu: "Como é que eu posso investir, se estou cheia de dívidas para pagar?!"

Então, deixei para lá, afinal não queria criar atritos na nossa amizade. E percebi que ela ainda não tinha entendido, não estava aberta para aquela mudança. Depois desse dia nunca mais toquei no assunto, mas deixei o caminho aberto para voltarmos a falar sobre isso quando ela quisesse. E conversamos sobre dinheiro algumas outras vezes depois em nossa amizade.

Mas daquela situação aprendi duas coisas:

1 Não adianta você querer uma mudança mais do que a própria pessoa.

2 Para uma pessoa começar a investir, a sensação é de perda e não de ganho.

Muito louco isso, mas, para a minha amiga, começar aquele investimento, mesmo que pequeno, dava a sensação de perda. Por outro lado, quando saíamos para comprar uma blusa nova e parcelar no cartão dava a sensação de ganho.

> Realmente no que se refere a dinheiro somos muito emocionais e, consequentemente, irracionais:
>
> - Faço um investimento, guardo dinheiro hoje para gastar amanhã: PERDA.
> - Compro algo para usar hoje e tenho que pagar amanhã (logo, não verei esse dinheiro nunca mais): GANHO.

O que eu quero provocar aqui com esse exemplo, Fazedoras, é que um dos maiores obstáculos para começar a sua reserva é COMEÇAR!

Portanto, não espere o momento certo, porque ele não vai chegar. Não importa a idade que você tem, nem o quanto você ganha, nem se este é o ano do dragão com ascendente em búfalo! Comece com o que tem. Comece com o que pode. Apenas comece! Crie o hábito de se pagar primeiro, crie uma dívida consigo mesma, e aos poucos vá aumentando-a. Fique tranquila, essa dívida é boa e vai levá-la para voos muito mais altos.

#AOINFINITOEALÉM
COMECE COM O QUE TEM.
COMECE COM O QUE PODE.
APENAS COMECE!

NÃO EVITE O RISCO, ADMINISTRE-O

Não existe nada na vida que tenha risco zero. No jogo do dinheiro, não poderia ser diferente. Empresas podem falir; imóveis podem desvalorizar ou serem destruídos por uma catástrofe natural; países podem dar calote; enfim, tudo pode ter imprevistos, e estamos sempre correndo riscos — às vezes mais, às vezes menos. Não tem como fugir, mas tem como administrar. Podemos sempre concentrar a nossa atitude no que podemos controlar.

Tenho como evitar o risco de ficar doente? Não.
Então, o administro pagando um plano de saúde.
Tenho como evitar o risco de baterem no meu carro? Não.
Então, o administro pagando um seguro.
Tenho como evitar o risco de perdas nos meus investimentos?
Não. Então, o administro diversificando o portfólio.

Todas vocês já ouviram falar em "não coloque todos os ovos na mesma cesta". Sim, tenha investimentos diferentes. Não aposte sua sorte em um único cavalo. Maravilha!

Mas hoje eu quero trazer uma visão de risco diferente para vocês. Risco não é só oscilação e a possibilidade de rentabilidade negativa. Existem riscos muito piores do que investir no mercado de ações, porque são riscos aparentemente invisíveis para os investidores leigos ou iniciantes. E como já diz o grande guru dos investimentos Warren Buffett: "O risco advém de não saber o que está fazendo."

VAMOS COMPARAR O MERCADO DE AÇÕES COM O TESOURO DIRETO.

O mercado de ações, como vocês sabem, oscila diariamente. Mas o que a grande maioria dos iniciantes não consegue enxergar é que não se trata de uma aposta em um cassino. Ali tenho à minha disposição a oportunidade de ser sócia de uma empresa regulada, estruturada, auditada, estabelecida, que vende algum produto ou serviço e foi criteriosamente analisada para poder abrir seu capital na bolsa e lançar suas ações ao público. Quando eu compro uma ação, não deveria pensar se ela vai subir ou vai cair, e sim: esta é uma empresa sólida, com perspectiva real de crescimento e da qual quero me tornar sócia? Seu propósito e sua missão compartilham dos meus valores? Seu produto ou serviço tem como seguir competitivo ao longo das próximas décadas? Se a resposta for sim, compro e me associo a essa empresa durante a próxima década.

Já o Tesouro Direto começa a se tornar o novo queridinho dos brasileiros depois da poupança. Lá invisto em títulos do governo, que é praticamente risco zero, pois o governo não vai quebrar. Se escolho o título atrelado à taxa Selic, meus investimentos rendem pouco, mas rendem sempre, não tenho perdas e ainda consigo um rendimento um pouquinho melhor que a poupança. Se busco segurança, liquidez e praticidade, este parece ser o investimento perfeito para mim.

Depois dessa apresentação, qual das duas você escolheria?
Se você respondeu "um pouco de cada": **PARABÉNS!** Você já está começando a dominar o jogo do dinheiro!!!
Sim, aqui não existe certo ou errado nem melhor ou pior. As duas opções são importantes no portfólio de qualquer investidor, desde o perfil mais conservador ao mais agressivo.

A bolsa, que por vezes nos deixa temerosas por suas oscilações negativas, tem um potencial maior de crescimento e retorno acima da inflação que o Tesouro Selic, afinal, estou investindo em uma empresa. Não teria sentido eu abrir uma empresa se fosse para ganhar menos do que o meu dinheiro vale.

Já o Tesouro Selic tem o conforto da remuneração estável e a pseudossegurança de que, antes de o Tesouro quebrar, todo o resto do Brasil já terá quebrado. Afinal, se o Tesouro passar por dificuldades, ele não vai quebrar exatamente, apenas vai imprimir mais dinheiro; com isso, a inflação dispara e o seu dinheiro perde poder de compra. É só perguntar aos nossos pais, que passaram por isso inúmeras vezes no passado, sobre a destruição silenciosa que isso causou.

Portanto, Fazedoras, não caiam na ilusão de que podemos evitar riscos. Podemos sim minimizá-los, administrá-los. Estude e se aprofunde em todos os riscos que você pode correr em qualquer investimento. Só assim você conseguirá equilibrá-los e fazer escolhas melhores.

O DIA EM QUE DECIDI SER MILIONÁRIA

Nunca fui daquelas pessoas que sonhavam em ser milionárias. Não me preocupava em ter investimentos. O importante para mim era ter meu carro, que me levava aonde eu quisesse ir, e ganhar mais. Meu foco em relação ao dinheiro era como eu poderia ganhar mais.

Quando mudei de carreira e fui para o mercado financeiro, fui apresentada ao mundo dos investimentos e dos juros compostos. Curiosa que sou, comecei a ler livros, pesquisar, entender um pouco mais tudo de que eu nunca tinha ouvido falar. Meu contato com aquilo até então se resumia à caderneta de poupança, na qual raramente meu dinheiro parava por algum tempo.

Conforme eu fazia o curso de formação e conversava com os outros colegas mais experientes, eu só pensava: "Excelente escolha! Aqui você tem uma chance real de ganhar muito mais!" De novo, o foco míope no salário continuava. Mindset pobre, pois fui criada com esta mentalidade: estudar bastante, arrumar um bom emprego e ganhar um bom salário. Não tinha como pensar diferente.

Então veio o primeiro contato com o Robert Kiyosaki e o *Pai Rico, Pai Pobre*. Ler aquele livro foi transformador na minha vida; ele me mostrou que eu vivia na corrida dos ratos, como a maioria das pessoas:

TRABALHA > PARA GANHAR MAIS DINHEIRO > PARA FAZER MAIS DÍVIDAS > PARA TRABALHAR MAIS > PARA GANHAR MAIS DINHEIRO...

O que eu precisava era trabalhar para ganhar mais dinheiro a fim de comprar ativos que me gerariam mais dinheiro além do meu trabalho. E assim, com essa lição primordial de educação financeira aprendida, comecei a poupar e investir o meu dinheiro. Iniciei com a minha já conhecida poupança — o importante era começar a guardar —, e mais à frente, após a crise de 2008, comecei a estudar e investir no mercado de ações.

Eis que um belo dia estou no banco, e um cliente chega e pede que eu tire a sua posição de investimentos, para saber o seu rendimento no último mês. Como era meu início ainda, comecei atendendo pequenos investidores e nunca tinha visto números tão expressivos. O cliente em questão tinha mais de R$1 milhão na previdência, o que gerou mais de R$8.000,00 de rendimentos naquele mês. Eu, cujo sonho grande naquele momento era ter um salário de R$5.000,00, pensei logo: "Se eu tiver R$1 milhão, mesmo que na poupança, que tem o menor rendimento de todos, terei no mínimo uma renda de R$5 mil por mês! Caramba, eu quero ser milionária também!"

E assim o sonho do primeiro milhão foi despertado em mim. Na época também conheci o Gustavo Cerbasi, que falava muito da conquista do primeiro milhão. Logo, eu e vários amigos fomos ainda mais inspirados e incendiados a buscar esse alvo. Guardo até hoje o livro dele, *Casais Inteligentes Enriquecem Juntos*, autografado:

"ANNA CAROLINA, SUCESSO A CAMINHO DO SEU PRIMEIRO MILHÃO."

A razão pela qual compartilho essa história aqui é que, naquele dia, o desejo foi mais do que despertado em mim. Eu não só quis ser e visualizei como seria o meu futuro sendo milionária. Eu decidi ser. Eu me comprometi comigo mesma. Entendi que aquele número-alvo era um dos estágios para a minha independência financeira. Vi naquele número asas para voar rumo a uma vida mais livre e tranquila. Para decidir ser quem eu quisesse ser, fazer o que eu quisesse fazer. Por amor, por opção, e não por necessidade.

Naquele dia, aquele senhor, mesmo sem saber, inspirou a minha trajetória. Inspirem-se também, para se comprometerem hoje com os seus sonhos mais incríveis!

E ESTE É SÓ

e este é só

O COMEÇO...

o começo...

A vida é dinâmica e assim também é o conhecimento. Hoje, tão importante quanto aprender é desaprender e reaprender. É estar aberta a ouvir, a questionar, a evoluir sempre. É se manter em estado de *beta permanente*.

Acreditamos que sozinhas podemos até chegar mais rápido, mas juntas com certeza iremos mais longe!

CONHECIMENTO EMPODERA. CONHECIMENTO DÁ LIBERDADE.

Se este livro a impactou, queremos que você leve esta mensagem a mais mulheres. Compartilhe com suas amigas, irmãs, colegas de trabalho. Multiplique levando o que lhe fez bem para a vida de outras pessoas.

Este foi o nosso objetivo com este livro, despertar em você a sua melhor versão e ter você com a gente, criando espaços para que mais e mais mulheres por todo o mundo ecoem as suas vozes. Pois quando uma mulher se empodera, ela transforma toda a comunidade ao seu redor.

#SOMOSUMAGERACAODEFAZEDORAS

BIBLIOGRAFIA

Relatório de Desigualdade de Gênero do Fórum Econômico Mundial (2020). Disponível em: http://www3.weforum.org/docs/WEF_GGGR_2020.pdf. Acesso em: 27 mar. 2021.

Eker, T. Harv

Os Segredos da Mente Milionária. Tradução: Pedro Jorgensen Junior. Rio de Janeiro: Sextante, 2006.

Fenet, Lydia

The Most Powerful Woman in the Room is You: Command an audience and sell your way to success. Nova Iorque: Gallery Books, 2019.

Frankel, Lois P.

Mulheres Ousadas Chegam Mais Longe: 101 erros inconscientes que atrapalham a sua carreira. Tradução: Maria Alayde Carvalho. São Paulo: Gente, 2005.

Hollis, Rachel

Garota, Pare de Mentir pra Você Mesma. Tradução: Débora Chaves. Rio de Janeiro: Sextante, 2019.

Kiyosaki, Robert T.

Pai Rico, Pai Pobre: O que os ricos ensinam a seus filhos sobre dinheiro. Tradução: Maria José Cyhlar Monteiro. Rio de Janeiro: Alta Books, 2017.

Kofman, Fred

Liderança e Propósito: O novo líder e o real significado do sucesso. Tradução: William Zeytoulian. Rio de Janeiro: Harper Collins, 2018.

Lofton, Louann

Warren Buffett Investe Como as Mulheres: Descubra como o maior investidor do mundo usa o instinto feminino na hora de decidir. Tradução: Marcelo Barbão. São Paulo: Saraiva, 2013.

Maia, Rachel

Meu Caminho Até a Cadeira Número 1. 1. ed. São Paulo: Globo SA, 2021.

McGregor, Heather

Mrs Moneypenny's Career Advice for Ambitious Women. United Kingdom: Penguin Random House, 2013.

Portas, Mary

Work Like a Woman: A manifesto for change. United Kingdom: Penguin Random House, 2019.

Sandberg, Sheryl

Faça Acontecer: Mulheres, trabalho e a vontade de liderar. Tradução: Denise Bottmann. 1. ed. São Paulo: Companhia das Letras, 2013.

Turner, Dee Ann

Bet on Talent. USA: BakerBooks, 2019.

Winfrey, Oprah

O Que Eu Sei de Verdade. Tradução: Fabiano Morais. Rio de Janeiro: Sextante, 2017.

Projetos corporativos e edições personalizadas dentro da sua estratégia de negócio. Já pensou nisso?

Coordenação de Eventos
Viviane Paiva
viviane@altabooks.com.br

Assistente Comercial
Fillipe Amorim
vendas.corporativas@altabooks.com.br

A Alta Books tem criado experiências incríveis no meio corporativo. Com a crescente implementação da educação corporativa nas empresas, o livro entra como uma importante fonte de conhecimento. Com atendimento personalizado, conseguimos identificar as principais necessidades, e criar uma seleção de livros que podem ser utilizados de diversas maneiras, como por exemplo, para fortalecer relacionamento com suas equipes/ seus clientes. Você já utilizou o livro para alguma ação estratégica na sua empresa?

Entre em contato com nosso time para entender melhor as possibilidades de personalização e incentivo ao desenvolvimento pessoal e profissional.

CONHEÇA OUTROS LIVROS DA **ALTA BOOKS**

Todas as imagens são meramente ilustrativas.

PUBLIQUE **SEU LIVRO**

Publique seu livro com a Alta Books. Para mais informações envie um e-mail para: autoria@altabooks.com.br

 /altabooks   /alta-books   /altabooks   /altabooks

Este livro foi impresso nas oficinas gráficas da Editora Vozes Ltda.,
Rua Frei Luís, 100 – Petrópolis, RJ.